OBSERVATIONS

SUR

L'ESPRIT DES LOIX,

OU

L'ART

DE LIRE CE LIVRE,

DE L'ENTENDRE ET D'EN JUGER.

Par M. l Abbé D. L. P.

SECONDE EDITION.

Quæ in nemora, aut quos agor in ſpecus ?
Horat. Od. XIX. Lib. III.

A AMSTERDAM,

Chez PIERRE MORTIER, Libraire.

M. D. CC. LI.

AVIS.

LE *Livre de l'Esprit des Loix* renferme de si grandes beautés, qu'on ne sçauroit trop exhorter le Public à le lire. Mais comme la methode que l'Auteur a observée dans le cours de son Ouvrage, n'est point à la portée de la plûpart des Lecteurs; ou plûtôt, comme cet Ouvrage n'a point de méthode bien suivie, on a crû pouvoir le présenter sous un arrangement different, pour en faciliter la lecture. On trouvera ici ce qu'il y a de plus beau, de plus agréable, de plus interessant; ce qu'il y a de mieux dit, de mieux pensé dans tout le Livre. On a eu grand soin de ne rien omettre de ce qui peut donner une grande idée du génie noble & brillant de l'Auteur. Mais d'un autre côté on n'a point dissimulé les défauts de l'Ouvrage;

AVIS.

& au milieu des plus beaux endroits, on a fait remarquer les taches considérables qui s'y trouvent. On ose se flatter qu'après avoir lû cette petite Brochûre, on connoîtra mieux le Livre dont elle rend compte, que si on lisoit le Livre même. On en sçaura mieux les beautés & les défauts, parce que les uns & les autres sont exposés ici dans tout leur jour.

OBSERVATIONS

SUR L'ESPRIT DES LOIX,

OU L'ART DE LIRE CE LIVRE,

DE L'ENTENDRE ET D'EN JUGER.

QU'UN bon Livre, un Livre bien
fait, tire de l'obscurité un Auteur
inconnu, & donne de la célébrité à son
nom, cela est dans l'ordre. Mais que le
nom seul d'un Ecrivain célebre donne
de la vogue à un Ouvrage défectueux,
qu'on ait pour un Livre mal fait la même estime que pour son Auteur, c'est
introduire dans le monde Littéraire les
usages du monde politique ; c'est attacher à la naissance des distinctions &
des honneurs qui ne devroient être que
le prix du mérite ; c'est accorder à des
enfans, souvent pleins de défauts, des
prérogatives & des hommages qui n'é-
toient dûs qu'à la vertu & aux belles
actions de leur pere. Une haute naif-
sance n'est qu'un engagement à la gloi-
e, elle ne la donne pas ; un Livre n'en

A iij

est donc que plus répréhensible, lorsqu'en héritant du nom de celui qui l'a fait, il n'hérite point du mérite qui a rendu ce nom célèbre; la noblesse est pour l'Auteur, & la rôture pour l'ouvrage. Que les Grands se vantent d'avoir des Princes & des Rois parmi leurs ancêtres; s'ils n'ont point d'autre gloire que celle de leurs ayeux; si leurs titres sont leurs uniques vertus, s'il faut rappeller les siecles passés pour les trouver dignes de nos hommages; si toute leur grandeur est dans leur nom; on oppose sans cesse leur nom à leur personne, & le souvenir de leurs ayeux devient leur opprobre. De même, quand un ouvrage est sorti des mains d'un grand homme, s'il n'est recommandable que par la réputation de son Auteur; si le nom de l'Ecrivain fait son principal mérite, s'il faut se rappeller ses autres Ecrits pour trouver celui-ci digne de notre attention; la comparaison qu'on en fait est justement ce qui le deshonore. J'avoue, que tout le monde n'en jugera pas de même; il y aura des esprits superficiels qui se laisseront éblouir par la noblesse de son origine; & sur quelques traits de grandeur qu'ils y remarqueront, ou qu'ils croiront y remarquer, ils décideront hardiment que l'Ouvrage entier est incomparable, & qu'il mérite tous nos éloges. S'il arrive que ce même Livre renferme du bon & du mauvais en même tems, si la même page dément & justifie tout à la fois l'idée qu'on s'étoit faite de l'Auteur ; c'est alors surtout que des Lecteurs peu intelligens, qui d'un côté se sont laissés prévenir par la réputation de l'Ecrivain & qui trouvent de l'autre de quoi justifier une partie de leur admiration, s'aveuglent très-aisément sur tout le reste. Quelqu'un plus éclairé vient-il ensuite pour leur désiller les yeux ? Ils s'offensent du service qu'on veut leur rendre, la lumiere qu'on leur présente leur est odieuse ; parce qu'elle leur fait voir le ridicule de leur préjugé ; & ils aiment mieux admirer ce qu'ils ne comprennent pas, que de comprendre qu'ils se sont trompés. Voilà en particulier ce qui est arrivé à l'égard de l'*Esprit des Loix*.

Cet Ouvrage admirable, dont tout le monde parle, & que très-peu de gens connoissent, parce qu'il y en a très-peu

A iiij

qui sçachent le lire, fait depuis long-
tems le sujet de tous les entretiens;
tant il est vrai qu'on peut s'entretenir
long-tems de ce que l'on entend le
moins Peut-être même est ce parce
que l'on ne l'entend pas qu'on en parle
tant; faut il donc s'étonner si on en parle mal ? C'est pour rectifier là-dessus les
idées d'une infinité de gens, c'est pour
les mettre en état de suivre l'Auteur
dans sa marche, toute irréguliere qu'elle
est; ou plutôt, c'est pour corriger l'ir-
régularité de cette marche, & apprendre ce qu'il y a à louer ou à condamner
dans ce Livre, que j'entre dans l'examen de toutes les parties qui le compo-
sent Je sens à quoi m'engage une pareille entreprise, dans quelles forêts, dans
quels antres me transporte un semblable dessein ?

Quæ in nemora, aut quos agor in specus !

J'entre dans un labyrinthe où l'on ne
remarque aucune issue. Les sentiers en
sont extrêmement étroits : encore y
trouve-t-on à chaque pas une infinité
de plantes étrangeres qu'on est obligé
d'arracher pour se former un passage.
On sent quelquefois que l'on marche

dans des chemins déja frayés ; mais
tout-à-coup on se voit arrêté par des
rochers escarpés, ou par des précipices
dont il est impossible d'appercevoir la
profondeur. D'autres fois on est trans-
porté au milieu d'une riante campagne,
dans une prairie émaillée, où mille petits ruisseaux serpentent agréablement
entre les fleurs ; on est tout surpris ensuite, après avoir traversé ces differentes routes, de se retrouver dans des chemins qu'on croioit avoir quittés. Car
voilà le caractere de cet ouvrage, il faut
aller chercher quelquefois à la fin du second ou du troisiéme volume, la suite
de ce qu'on avoir commencé à lire dans
le premier, & le plus souvent ce qui
précede n'a aucun rapport avec ce qui
suit. Rien n'est à sa place dans ce Livre,
& les plus belles choses y perdent leur
prix, parce qu'elles ne sont presque jamais exposées dans le point de vûe qui
leur est propre. L'obscurité y regne par-
tout & jusques dans les titres mêmes,
dont la plûpart n'annoncent pas toujours ce que le Chapitre renferme. Prenons, par exemple, celui qui est à la
tête de tous les autres, *de l'Esprit des*

Loix. Que signifie ce titre dans le sens
de l'Auteur ? Je n'ai encore trouvé personne qui ait sçû me le dire. M. de M.
appelle les Loix , *des rapports qui déri-*
vent de la nature des choses. L'Esprit
des Loix est donc l'esprit de ces rapports ? Cela est-il bien clair ? Cela don-
ne-t-il une idée nette de l'Ouvrage ?
On dit communément l'esprit d'un
Etat, d'un Corps , d'un Gouvernement,
d'une Religion ; & l'on entend par-là
le principe qui y fait agir, les vûes qu'on
s'y propose , le but auquel on vise. On
dit encore l'esprit d'un Arrêt , d'un Re-
glement , d'une Ordonnance , pour si-
gnifier leur vrai sens , ou les motifs qui
y ont donné lieu. Il semble donc que
par *l'Esprit des Loix* on devroit entendre aussi l'intention qu'ont eue les
Legislateurs qui les ont établies , & les
raisons qui les ont fait recevoir. C'est
proprement là ce que paroît annoncer
d'abord le titre de ce Livre ; mais ce
n'est pas tout-à-fait ce que l'Ouvrage
contient, ni ce que l'Auteur lui-même
a entendu. C'est plûtôt ici un Recueil
de réflexions sur la constitution des
Etats , sur leur nature , leurs principes ,

leurs mœurs, leur climat, leur étendue, leur puiffance ; fur les caufes de
leur établiffement, de leur progrès, de
leur confervation, de leur décadence,
de leur ruine. On y parle en particulier
de chaque forte de gouvernement, de
ce qui en forme l'efprit & le caractere ;
des récompenfes qu'on y propofe, des
peines qu'on y décerne, des vertus qu'on
y pratique, des fautes qu'on y commet,
de l'éducation qu'on y donne, du luxe
qui y regne, de la monnoye qui y a
cours, de la Religion qu'on y profeffe.
On y compare le commerce d'un peuple avec celui d'un autre ; celui des anciens avec celui d'aujourd'hui ; celui
d'Europe avec celui des trois autres
parties du monde. On y examine quelles Religions, quelles Loix conviennent mieux à certains climats, à certains
gouvernemens. Voilà ce que l'Auteur
appelle *l'Efprit des Loix*, & ce que
je nommerois plus volontiers l'Ame du
monde, ou le Tableau moral de l'univers.

Bien des gens regardent ce Livre
comme le meilleur qui ait parut peptuis
long-tems. Je crois que c'eft le plus

curieux, le plus étendu, le plus intéteffant; mais ce n'eft pas le mieux fait. Le plus curieux; puifqu'il a pour objet les Loix, les Coutumes & les divers ufages de tous les peuple de la terre. Le plus étendu; puifqu'il embraffe toutes les inftitutions qui font reçues parmi les hommes. Le plus intéreffant; puifque l'Auteur examine les pratiques qui conviennent le plus à chaque Société; qu'il en cherche l'origine, qu'il en découvre les caufes, qu'il en expofe les effets. L'idée, comme on voit, en eft admirable, & l'on y trouve d'ailleurs une infinité de grands traits, d'images frappantes, de penfées neuves, de réflexions profondes qui prouvent bien certainement que l'Auteur eft un grand homme; mais qui ne fuffifent pas tout-à-fait pour faire un bon ouvrage. On fouhaiteroit qu'il y eût plus de choix dans les matieres, de méthode dans la diftribution, de netteté dans le ftyle, de clarté dans les penfées, & furtout plus de juftefle dans les raifonnemens; moins de liberté, de paradoxes, de longueurs même dans bien des endroits

Enfin, l'Auteur a imaginé un très-bon Livre qu'il a mal exécuté. Entrons dans le détail, & tâchons de mettre dans cet Extrait un peu plus d'ordre qu'il n'y en a dans tout le Livre.

Pour procéder avec methode à l'éxamen de cet Ouvrage, je me garderai bien de m'engager dans la route que l'Auteur a suivie ; c'est un labyrinthe d'où je ne sortirois jamais. Son Livre est divisé en cinq cens quatre-vingt-treize Chapitres, qui ne servent qu'à y répandre la confusion, & à jetter de l'embarras dans l'esprit des Lecteurs. Je réduirai à cinq articles principaux, ou plutôt je réunirai sous cinq points de vûe différens, les diverses matieres qui sont renfermées dans ces trois volumes. Je parlerai d'abord de ce qui regarde la Religion ; ensuite de la Morale ; en troisiéme lieu, de la Politique ; quatriémement de la Jurisprudence ; & je finirai par ce qui concerne le commerce. Je ne considererai tout cela que par rapport au climat & au gouvernement. l'Auteur lui-même paroît n'avoir envisagé que ces deux rapports ; il semble

donc , que pour donner à cet ouvrage
découfu la liaifon qui lui manque , il
n'y avoit qu'à le divifer en cinq parties feulement , & faire voir quelle eft
la Religion , la Morale , la Politique ,
la Jurifprudence & le Commerce qui
conviennent davantage à chaque climat , à chaque forte de Gouvernement.
Par cette divifion fimple , claire , naturelle ; le Lecteur eût vû du premier
coup d'œil ce qu'il n'apperçoit qu'avec
bien de la peine , ce que l'Auteur lui-
même femble avoir voulu lui cacher.
Quoi qu'il en foit , il eft certain que
c'eft là principalement ce que renferme le Livre de l'Efprit des Loix ; c'eft
à ces cinq objets qu'on peut rappor-
rer ce qui fe trouve difperfé fans ordre dans tout le cours de cet Ouvrage. Voilà du moins l'idée que je m'en
fuis formée moi-même. oilà fous
quel afpect j'ai crû devoir le préfen-
ter au public.

ARTICLE I.

LA RELIGION,

Considerée par rapport au climat & au Gouvernement

L'AUTEUR de l'Esprit des Loix, qui ne se donne point pour Théologien, ne parle ici de la Religion, que comme Philosophe. Ce n'est que comme Philosophe non plus, que j'examinerai ses principes; & si j'en trouve quelques-uns qui me paroissent contraires aux idées de la raison, je ne me servirai que de ces mêmes idées pour les combattre.

L'Auteur, sans entrer d'abord dans le détail des Religions particulieres, prétend que la Religion en général, a plus de force & plus d'influence dans les Etats despotiques, que dans les Monarchies. Dans les premiers, dit il, elle est la seule chose qu'on puisse opposer à la volonté du Prince. » On abandonnera son pere, » on le tue a même, si le Prince l'ordonne; mais on ne boira pas de » vin, s'il le veut, & s'il l'ordonne. Les

» loix de la Religion ſont d'un pré-
» cepte ſupérieur, parce qu'elles ſont
» données ſur la tête du Prince, com-
» me ſur celle des ſujets, mais quant
» au droit naturel, il n'en eſt pas de
» même; le Prince eſt ſuppoſé n'être
» plus un homme.

L'Auteur ſuppoſe lui-même ici une
choſe fauſſe, ſçavoir, que la Religion
qui interdit l'uſage du vin, ne réprou-
ve pas auſſi le paricide, & que Mahomet en preſcrivant à ſes peuples la
ſobriété & la tempérance, ne leur a
pas défendu en même-tems, & ſous
des peines encore plus grieves, d'être
injuſtes, cruels & inhumains envers
leurs peres. N'eſt-ce pas vouloir con-
fondre toutes les idées, que de ne
pas reconnoître comme loi de Religion, ce que toutes les Religions du
monde ont toujours regardé comme
une de leurs loix les plus ſacrées ? Certainement il n'eſt pas plus permis dans
la Religion Mahométane, que dis-je ?
Il eſt cent fois plus défendu d'attenter
à la vie de ſon pere pour obéir aux
caprices de l'Empereur, que de boire
du vin ; & un fils qui refuſeroit de

commettre un paricide qui lui ſeroit
ordonné par le Prince, ne feroit que
ſe conformer à un des premiers préceptes de ſa loi. N'eſt ce pas une choſe
finguliere, qu'on faſſe principalement
confiſter la loi de Mahomet à s'abſte-
nir de vin? c'eſt comme ſi l'on vouloit réduire tous les devoirs d'un
chrétien à jeûner pendant le carême.
S'il y a des gens à Conſtantinople, qui
ſe feroient un ſcrupule d'en boire, &
qui ne s'en feroient pas un de tuer
leur pere, ſurtout ſi leur fortune ou
l'ordre du Souverain l'exigeoient, ce
ſont de faux dévots, comme on en
voit partout; & le Prince & le ſujet
agiroient également contre leur Religion, l'un en ordonnant le paricide,
l'autre en le commettant.

Mais ſur quoi ſe fonde l'Auteur,
lorſqu'il prétend que la Religion a
plus de force dans les Etats deſpoti-
ques, que dans les Monarchies? C'eſt,
dit-il, parce qu'elle eſt l'unique choſe
qu'on puiſſe oppoſer à la volonté du
deſpote. Mais pourquoi cette puiſſance
étant ſeule, eſt-elle plus forte que ſi
elle étoit accompagnée de celle des
loix? Deux pouvoirs réunis ne ſe ſou-

tiennent-ils pas mutuellement ? & n'eſt-ce pas par cette union là même qu'ils acquierent une nouvelle force? D'ailleurs, dans un Etat où l'on ne ménage rien, où l'on abuſe de tout, on ne reſpecte pas plus la Religion que tout le reſte. Dans les Monarchies au contraire on a pour les loix du reſpect & de la ſoumiſſion, à plus forte raiſon en aura-t-on auſſi pour la Religion qui eſt la premiere & la plus reſpectable de toutes les loix. l'Auteur eſt néanmoins d'un ſentiment bien oppoſé ; car il dit expreſſément qu'un » Courtiſan ſe croiroit ridicule dans » une Monarchie, d'alléguer au Prince » les loix de la Religion » Mais le grand Racine a-t-il paru ridicule au Parterre François, l'orſqu'il a introduit ſur notre Théâtre un Courtiſan qui adreſſe ces paroles à une Reine ?

Du Dieu que nous ſervons tel eſt l'ordre
       éternel.
Eh ! quoi, vous de nos Rois & la femme
       & la mere,
Eſtes-vous à ce point parmi nous étran-
       gere ?
Ignorez-vous nos Loix ?

Voilà un Courtisan, qui, dans une Monarchie ne rougit point d'alléguer à sa Souveraine les loix de sa Religion. J'avoue que tandis qu'Abner parle ainsi à Athalie, un autre tient à cette Reine un langage tout différent.

Eft-ce aux Rois à garder cette lente juftice?
Leur fureté fouvent dépend d'un prompt
    fuplice.
N'allons point les gêner d'un foin embar-
    raffant,
Dès qu'on leur eft fufpect, on n'eft plus
    innocent.

C'eft un Prêtre qui parle de la for-te ; mais l'homme de Cour qui l'en-tend, bien loin de lui applaudir, en eft indigné, & il ne croit pas que ce foit une chofe ridicule pour lui, quoi-que dans une Monarchie, de rappel-ler à ce mauvais Pontife, en préfence de la Reine, les devoirs de fon état & de fa religion.

Hé quoi, Mathan ? d'un Prêtre eft-ce-là
    le langage ?

Si quelqu'un de ces deux hommes.

doit rougir , c'est le Prêtre qui oublie
son état , plutôt qne le Courtisan qui
l'y rappelle.

De la Religion en général , passons
aux Religions différentes qui sont
dans l'univers. Il y en a deux principales qui partagent presque aujourd'hui
le monde entier ? la Chrétienne & la
Mahométanne.

» La Religion Chrétienne dit l'Au-
» teur , est éloignée du pur despotif-
» me ? c'est que la douceur étant si ré-
» commandée dans l'Evangile , elle
s'oppose à la colere despotique avec
» laquelle le Prince se feroit justice ,
» & exerceroit ses cruautés.

» Cette Religion défendant la plu-
» ralité des femmes , les Princes y
» sont moins renfermés , moins séparés
» de leurs sujets , & par conséquent plus
» hommes : ils sont plus disposés à se
» faire des Loix , & plus capables de
» sentir qu'ils ne peuvent pas tout.

» Pendant que les Princes Mahomé-
» tans donnent sans cesse la mort ou la
» reçoivent , la Religion chez les Chré-
» tiens rend les Princes moins timides ,
» & par conséquent moins cruels.

» C'est la Religion Chrétienne , qui

» malgré la grandeur de l'Empire &
» le vice du climat, a empêché le def-
» potifme de s'établir en Ethiopie, &
» a porté au milieu de l'Affrique les
» mœurs de l'Europe, & fes Loix.

» La Religion Mahométane, qui
» ne parle que de glaive, agit encore
» fur les hommes avec cet efprit def-
» tructeur qui l'a fondée.

Dans les Etats defpotiques, pour
adoucir & tempérer le pouvoir arbitraire, » il convient qu'il y ait quel-
» que livre facré qui ferve de régle,
» comme l'Alcoran chez les Arabes, les
» livres de Zoroaftre chez les Perfes, &c.
» Le Code Religieux fupplée au code ci-
» vil & fixe l'arbitraire. Il n'eft pas mal
» que dans les cas douteux, les Juges
» confultent des Miniftres de la Reli-
» gion: auffi en Turquie les Cadis inter-
» rogent-ils les Mollachs.

» Sur tout ceci, voici comme je
raifonne: s'il eft vrai, comme l'Auteur le dit, & comme l'on ne doit
pas en douter, que la Religion Chrétienne foit fi douce & le defpotifme
fi cruel; s'il eft vrai encore que la
Religion Mahométane ne parle que
de glaive, de maffacre, de def-

truction : enfin , & c'eſt ici le point
capital ſur lequel tombe mon raiſonnement ; s'il eſt vrai que ce ſoit à la
Religion à adoucir & à tempérer le
pouvoir arbitraire , bien loin de conclure comme fait l'Auteur , que le
Mahométiſme ſoit plus convenable
que l'Evangile au Gouvernement deſpotique ; je tire une conſéquence toute contraire , & je dis que c'eſt la Religion Chrétienne qui convient mieux
que l'autre à la dureté de ce Gouvernement. Qu'on ſe ſouvienne au moins
que c'eſt toujours dans les principes
de l'Auteur que je raiſonne. En effet,
laquelle de ces deux Religions eſt la
plus capable d'adoucir le pouvoir arbitraire , ou celle qui ne parle que de
glaive & de deſtruction , ou celle dont
la morale eſt ſi douce & ſi bienfaiſante ?
Celle dont la ſévérité favoriſe la cruau-
té du Souverain , ou celle dont la douceur s'oppoſe continuellement à ſa tyrannie ? Celle qui rend les Princes
plus humains en les tenant moins ſé-
parés de leurs ſujets , ou celle qui en
les rendant plus timides , les rend
par conſéquent plus cruels ? C'eſt une
façon bien ſinguliere de tempérer le

pouvoir excessif du déspotisme, que de lui mettre en main un nouveau moyen de satisfaire sa barbarie, & de consacrer, pour ainsi dire, par la Religion, toutes les inhumanités de son Gouvernement. Comment peut-on écrire des choses si contradictoires ? Et comment est-il arrivé que la plûpart des Lecteurs ne les ayent pas senties ?

Ce n'est pas encore là tout : & je prétends non-seulement que l'Auteur s'est contredit ; mais je soutiens de plus actuellement que ce caractere de sévérité qu'il donne par-tout à la Religion de Mahomet ne lui convient en aucune maniere. Elle ne parle, dit il, que de glaive ; cela est vrai ; mais ce n'est que contre ses ennemis qu'elle veut qu'on l'employe, & non pas contre ceux qui la professent. Mahomet a ordonné à ses disciples de ne pas épargner la tête de quiconque voudroit leur persuader de quitter sa Loi pour en embrasser une autre. Mais il leur a en même-tems très-sévérement défendu de se nuire mutuellement. Il n'a point permis aux Princes ses successeurs de tremper injustement leurs mains dans le sang de leurs su-

jets ; & il n'y a aucun dogme de sa
religion qui autorise les cruautés &
les injustices à l'égard de ceux qui y
sont soumis. L'Auteur a parlé des Mahométans selon les idées populaires ;
& il les représente toujours le bras
levé , le sabre à la main , uniquement
occupés à couper des têtes. Il fait
plus , & c'est dans leur religion même
qu'il croit découvrir la cause de cette
prétenduë barbarie. Je conviens que
cette Religion est fausse , insensée , ridicule ; mais il ne s'ensuit pas qu'elle
soit cruelle , barbare , inhumaine envers ses sectateurs. Toute fausse qu'elle
est , elle peut être très-douce dans sa
morale , cela n'est point du tout incompatible. L'Auteur lui-même n'en
disconvient pas , & il est étonnant
qu'il ait si-tôt oublié , ce qu'il avoit dit
ailleurs ; sçavoir que » dans un pays
» où l'on a le malheur d'avoir une Reli-
» gion que Dieu n'a pas donnée, il est
» toujours nécessaire qu'elle s'accorde
» avec la morale ; parce que la reli-
» gion , même fausse , est le meilleur
» garant que les hommes puissent
» avoir de la probité des hommes.
                              Aussi ,

Aussi, continue-t'il, " les points prin-
" cipaux de la Religion de ceux du
" Pégu, sont de ne point tuer, de ne
" point violer, de ne faire aucun dé-
" plaisir à son prochain, de lui faire
" au contraire tout le bien qu'on
" peut. Avec cela, ils croyent qu'on
" se sauvera dans quelque religion
" que ce soit. Ce qui fait que ces
" peuples, quoique fiers & pauvres,
" ont de la douceur & de la compas-
" sion pour les malheureux.

Pourquoi n'en seroit il pas de même des Mahométans ? Pourquoi faire
tomber sur leur religion les cruautés
de leur gouvernement ? Pourquoi la
rendre odieuse, tandis qu'elle n'est
que ridicule ? J'avoue bien encore une
fois qu'il y a parmi eux, comme par
tout ailleurs, de faux dévôts, des esprits superstitieux, des hypocrites qui
se servent de son nom pour autoriser
leur fureur; & qui croyent rendre gloire à Dieu en persécutant leurs freres.

L'amour de mon devoir & de ma nation, *
Et ma reconnoissance & ma *religion*,

* M. de Voltaire.

B

Tout ce que les humains ont de plus reſ-
　　pectable,
M'inſpira des forfaits le plus abominable.

Tel eſt le langage d'un Fanatique Mu-
ſulman; mais un diſciple éclairé de Mahomet le déſaprouve. Pourſuivons.

La Religion Chrétienne eſt divi-
ſée en pluſieurs partis : les principaux
ſont les Catholiques & les Proteſtans.
Les Catholiques, dit l'Auteur, s'ac-
commodent mieux de l'Etat Monarchique ; le Gouvernement Républicain convient davantage à la Religion Proteſtante. Mais je demande ;
ſur quoi tout cela eſt-il fondé, & ne
pourroit-on pas ſoutenir également
l'opinion contraire? Car enfin quelles
ſont les preuves que l'Auteur apporte
pour établir ſon ſentiment? Les voici,
& l'on en jugera.

　　» Quand la Religion Chrétienne
» ſouffrit, il y a deux ſiécles, ce mal-
» heureux partage qui la diviſa en
» Catholique & en Proteſtante, les
» peuples du Nord embraſſerent la
» Proteſtante, & ceux du Midi gar-
» derent la Catholique. C'eſt que les
» peuples du Nord ont & auront tou-

» jours un esprit d'indépendance &
» de liberté que n'ont pas les peuples
» du Midy ; & qu'une Religion qui
» n'a point de chef visible, convient
» mieux à l'indépendance du climat
» que celle qui en a un.

Voilà en vérité des raisons bien
singulieres ! Et moi je dis que si les
pays du Nord sont devenus Luthé-
riens, si ceux du Midy sont restés Catholiques, si une partie de la Suisse
est devenue Calviniste, c'est uniquement parce que Luther & Calvin ont
prêché leur doctrine en Suisse & en
Allemagne, & qu'ils n'ont point pénétré vers le Midy de l'Europe. Pourquoi n'y ont-ils point pénétré ? C'est
par la raison toute simple que Luther
étoit un Allemand & Calvin un François refugié en Suisse. L'un est resté
dans son pays, parce qu'il y trouvoit
de la protection ; l'autre a quitté le
sien, parce qu'il n'y trouvoit point sa
sûreté. Si Luther eût débité ses erreurs en Italie ou en Espagne, & que
l'Inquisition n'y eût point été établie,
l'Espagne & l'Italie seroient peut-être
Protestantes aujourd'hui comme la
Saxe & le Brandebourg. Calvin s'est

ſauvé en Suiſſe, & il y a enſeigné ſes
opinions; la Suiſſe eſt devenue Cal-
viniſte; cela eſt bien ſimple; & la même choſe eût fort bien pû arriver,
quand même les Cantons euſſent formé un Etat Monarchique. Pourquoi
non? La Suéde, le Dannemarck, l'Angleterre, les Electorats de Saxe, de
Brandebourg, d'Hanovre, formoient-
ils des Républiques, lorſqu'ils ont
embraſſé les nouvelles opinions? Et
depuis qu'ils ſont devenus Proteſtans,
ont-ils ceſſé d'être gouvernés par des
Souverains? D'ailleurs les Républiques de Pologne, de Véniſe, de Gênes,
de Luques, de Saint Marin, de Ra-
guſe, ne ſe ſont-elles pas toujours par-
faitement accommodées de la Religion Catholique? Aucune d'elles a-
t'elle jamais crû qu'il lui convint mieux
de ſe faire Proteſtante, à raiſon de la
forme de ſon Gouvernement? En vérité, il eſt bien étonnant, que parmi
les ſept ou huit Républiques que nous
avons en Europe, il n'y en ait que
deux ou trois qui ayent adheré aux
ſentimens de Luther & de Calvin,
tandis qu'elles avoient toutes un ſi
grand intérêt à les ſuivre! Plus éton-

nant encore, que parce que ces deux ou trois les ont suivis, on vienne nous dire sérieusement, que la Religion Protestante est celle qui convient le mieux à toutes les Républiques ! Il n'est pas douteux, qu'un peuple libre & accoutumé à l'indépendance, comme sont les Républicains, ne s'accommode toujours mieux de la Religion qui le gêne le moins, & que, par cette raison, il doit, humainement parlant, préférer la Protestante à la Catholique. Mais d'un autre côté on tireroit contre l'Auteur une conséquence tout-à-fait opposée à un de ses principes. Car s'il est vrai, que la Religion la plus commode est celle qui s'accorde le mieux avec le Gouvernement le plus libre, il faut qu'il convienne nécessairement, que l'Etat le plus despotique doit être aussi le plus disposé à recevoir la Religion la plus gênante, la plus contraire à nos plaisirs, la moins conforme à nos goûts, à nos penchans, à nos inclinations ; en un mot, la Religion Chrétienne. Cette conséquence, comme on voit, combat directement ce principe qu'il a avancé plus haut ; sçavoir, que le

*Gouvernement moderé convient mieux
à la Religion Chrétienne, & le Gouvernement deſpotique à la Mahométane.*

M. de M. a dit dans un endroit
de ſa Préface, que plus on réfléchira
ſur les détails de ſon Livre, plus on
ſentira la certitude de ſes principes.
Tout le contraire m'eſt arrivé en le
liſant. Ses principes m'avoient paru
vrais au premier coup d'œil, au premier coup d'œil j'avois cru, par exemple, que la Religion Catholique convenoit mieux au Gouvernement Monarchique que la Proteſtante, parce
que je conſidérois la choſe dans ſa
nature ; & voici quel étoit mon raiſonnement : dans une Monarchie,
c'eſt un homme ſeul qui gouverne ;
la Religion Catholique n'eſt ſoumiſe
également qu'à un chef : les Républicains aiment la liberté, & la liberté eſt plus grande dans la Religion
Proteſtante que dans la nôtre : De-là
je concluois qu'en effet, l'Etat Monarchique s'accommodoit mieux de
notre Religion, & que l'autre convenoit davantage à une République.
Mais après avoir réfléchi ſur les détails dans leſquels l'Auteur eſt entré

à ce sujet ; après avoir examiné atten-
tivement ses raisons, j'ai commencé
à croire que ce principe étoit faux ; &
que la Religion Catholique convenoit
également bien à l'un & à l'autre Gouvernement.

Avant d'aller plus loin & de considerer le raport qu'a la Religion avec le
climat, il est bon, pour délasser le Lecteur, de rapporter ici quelques endroits
choisis de ce Livre ; ils feront toujours
connoître de plus en plus le génie brillant & sublime de l'Auteur.

» L'homme pieux & l'Athée par-
» lent toujours de la Religion ; l'un
» parle de ce qu'il aime, & l'autre de
» ce qu'il craint.

» Quand il seroit inutile que les
» sujets eussent une religion, il ne le
» seroit pas que les Princes en eussent,
» & qu'ils blanchissent d'écume le seul
» frein que ceux qui ne craignent
» pas les loix humaines puissent avoir.
» Un Prince qui aime la Religion &
» qui la craint, est un lion qui céde à
» la main qui le flatte, ou à la voix
» qui l'appaise. Celui qui craint la
» Religion & qui la hait, est comme
» les bêtes sauvages qui mordent la

» chaîne qui les empêche de se jetter
» sur ceux qui passent. Celui qui n'a
» point du tout de Religion, est cet
» animal terrible qui ne sent sa li-
» berté que lorsqu'il déchire & qu'il
» dévore.

» Le soin que les hommes doivent
» avoir de rendre un culte à la Divi-
» nité, est bien différent de la magni-
» ficence de ce culte. Ne lui offrons
» point nos trésors, si nous ne voulons
» lui faire voir l'estime que nous fai-
» sons des choses qu'elle veut que
» nous méprisions.

» Nous sommes extrêmement por-
» tés à l'idolâtrie, & cependant nous
» ne sommes pas fort attachés aux
» Religions idolâtres ; nous ne som-
» mes guéres portés aux idées spiri-
» tuelles, & cependant nous sommes
» très-attachés aux Religions qui nous
» font adorer un Etre spirituel. Cela
» vient de la satisfaction que nous
» trouvons en nous-mêmes, d'avoir
» été assez intelligent pour avoir choisi
» une Religion, qui tire la Divinité
» de l'humiliation où les autres l'a-
» voient mise.

» Les Mahométans ne seroient pas

» si bons Musulmans, si d'un côté il
» n'y avoit pas des Peuples idolâtres,
» qui leur font penser qu'ils sont les
» vengeurs de l'unité de Dieu , & de
» l'autre des Chrétiens, pour leur fai-
» re croire qu'ils sont l'objet de ses
» préférences.

» Les hommes sont extrêmement
» portés à espérer & à craindre ; &
» une Religion qui n'auroit ni Enfer ,
» ni Paradis , ne sçauroit guére leur
» plaire.

» Lorsque le culte extérieur a une
» grande magnificence , cela nous
» flatte , & nous donne beaucoup
» d'attachement pour la Religion. Les
» richesses des Temples & celles du
» Clergé nous affectent beaucoup.
» Ainsi la misere même des Peuples
» est un motif qui les attache à cette
» Religion , qui a servi de prétexte à
» ceux qui ont causé leur misere.

Entrons dans la seconde partie de
cet Article , pour voir quel rapport
l'Auteur de l'Esprit des Loix trouve
entre la religion & le climat.

Si je prenois ici la qualité de Théologien , je dirois à M. de M. que la
Religion Chrétienne doit être celle

B w

de tous les hommes , de tous les
pays , de tous les climats. Que Jesus-
Chrift en ordonnant à ses Apôtres
d'aller annoncer fon Evangile , ne
leur a point dit : vous n'irez qu'en
France , qu'en Allemagne , en Angleterre , en Italie , en Portugal &
en Efpagne , parce qu'il n'y a que ces
pays-là où il ne fafſe ni trop chaud ,
ni trop froid , pour être Chrétien. Mais
il leur a dit : Allez & parcourez toute
la terre; *ite in mundum univerſum.* Prê-
chez à tous les Peuples du Monde la
Loi que vous profeſſez. Annoncez-
la aux Nations qui habitent fous la
Zône torride , & à celles qui font les
plus voifines des Pôles. Les unes &
les autres font également intéreſſées à
me connoître ; & quelle que foit la
température de l'air qu'elles refpi-
rent , dites-leur qu'il n'y a point de
ſalut pour elles , fi elles refufent de
nous reconnoître , vous pour mes Miniſtres , & moi pour leur Dieu. Tel eſt
le raifonnement dont je me fervirois ,
s'il m'étoit permis d'employer contre
un Philofophe les armes que la Religion me fournit. Mais ce n'eſt qu'à
la Philofophie que je veux avoir re-

cours, c'est-à-dire à la raison. Elle ne
fera, peut-être pas plus favorable aux
principes de l'Auteur, que la Religion
même. Voici d'abord deux propofitions que je tire de fon Livre.

» L'ancienne Religion s'accorde
» avec le climat, & fouvent la nou-
» velle s'y refufe.

» Il femble, humainement par-
» lant, que ce foit le climat qui a
» prefcrit des bornes à la Religion
» Chrétienne & à la Religion Maho-
» métane.

Je remarque d'abord dans la premiere de ces deux Propofitions une
contradiction manifefte avec la fe-
conde; & c'eft-là un défaut dans lequel l'Auteur tombe affez fouvent,
comme on le verra dans la fuite. Car
qu'on lui demande quelle étoit en
Afie l'ancienne Religion, lorfque
celle de Mahomet y prit naiffance?
Il faudra bien qu'il convienne néceffairement que c'étoit la Religion
Chrétienne. Donc, felon fes principes, c'étoit à elle, comme étant la plus
ancienne, à s'accorder avec climat, plûtôt qu'à la Mahométane. Cependant,
tout le contraire eft arrivé, & la Re-

ligion Chrétienne , malgré son an-
cienneté , faute de pouvoir s'accorder
avec le climat , a été obligé de céder
sa place à l'autre. Voilà donc le climat qui se déclare présentement pour
la nouvelle Religion au préjudice de
l'ancienne , lui qui devoit , il n'y a
qu'un moment, préférer toujours l'ancienne à la nouvelle.

Outre cette contradiction qui me
paroît bien sensible , je découvre encore dans la seconde proposition que
je viens de rapporter un défaut de
raisonnement qui étonne. L'Auteur
prétend que c'est le climat qui a pres-
crit des bornes à la Religion Chrétienne & à la Religion Mahométane ; qu'il
n'y a que les pays que ces deux Religions occupent actuellement , qui
leur conviennent à l'une & à l'autre ;
& que par-tout ailleurs elles ne pour-
roient pas subsister long-tems. Est-il
possible que l'Auteur ait ignoré l'Histoire des six premiers siécles de l'E-
glise ? Il faut bien le croire , sans doute , puisque s'il en avoit eû la plus
légere connoissance , il auroit vû que
jamais la Religion Chrétienne n'a été
plus florissante que dans le tems qu'elle

habitoit les plus belles Provinces de l'Asie. C'est alors,

Qu'on les vit ces Chrétiens remplissant tour
    à tour. *

Les devoirs inspirés par le céleste amour.

Aucun ne se plaignoit de sa propre misere,

Et ne s'intéressoit qu'aux malheurs de son
    frere.

L'un, par de saints discours, préparoit à la
    mort

Un ami dont les maux alloient finir le sort.

Un autre, pour couvrir un vieillard véné-
    rable,

S'exposoit aux rigueurs de l'air impitoyable;

Les Peres au martyre encourageoient leurs
    fils,

Prêts à voir leurs trépas sans en être at-
    tendris.

Des corps déja mourans & couverts de bles-
    sures,

Se sentoient soulagés par les mains les plus
    pures.

Des Vierges à l'envi, par ces actes pieux,

Prudentes, s'assuroient l'héritage des Cieux ;

Et répétant des chants inventés par les Anges,

   * *Campistron.*

De l'Eternel sans cesse entonnoient les loüanges.

Est-il un endroit sur là terre, où la Religion Chrétienne ait paru avec plus d'éclat, où elle ait produit des fruits plus excellens, que dans ces mêmes climats, avec lesquels cependant on veut nous faire accroire qu'elle ne sçauroit s'accorder ? Ils s'en sont bien accommodés pendant plus de six cens ans ; pourquoi donc ne s'en accommoderoient-ils pas encore aujourd'hui ? D'ailleurs, est-il un pays dans le Monde qui convienne mieux à la Religion Chrétienne, que celui où elle a pris naissance ? L'air qu'elle respire lui est naturel ; & si le climat lui a été favorable dans le tems qu'elle étoit encore foible, & qu'elle pouvoit à peine se soutenir ; pourquoi lui seroit-il devenu contraire lorsqu'elle y fut plus solidement établie ? Ah ! c'est qu'auparavant le partage des terres n'avoit pas été fait : le climat ne lui avoit point encore assigné ses limites.

Mais rien n'est plus bizarre, rien n'est plus inconstant que le climat ;

celui du Jourdain voulut essayer de toutes les Religions : d'abord il favorisa l'idolâtrie ; ensuite il protégea la Loi de Moyse ; après quoi il s'accorda avec la Religion Chrétienne ; & aujourd'hui il s'accommode mieux de celle de Mahomet. N'importe , malgré toutes ces variations , on veut le faire servir de régle à la chose du Monde qui doit le moins varier.

En Norvége le climat est froid , on y est vêtu de peau. Chez nous, où il est tempéré , on est habillé de soye ou de laine. Aux Indes il fait plus chaud , on y porte des habits de toile ou de coton. Dans les endroits où la chaleur est excessive , on n'en porte point du tout. On veut qu'il en soit de même de la Religion , qu'on en change selon les climats ; pourquoi pas aussi selon les saisons ? On dira donc bien-tôt la Religion d'hyver, la Religion d'été.

Voici de quelle maniere M. de M. distribue les différentes Religions. Il met la Mahométane en Asie , la Chrétienne en Europe ; il place la Protestante au Nord , la Catholique au Midy ; c'est-à-dire , qu'étant ainsi placées , il cherche dans la nature du climat , les caufes de cette difpofi-tion. Un autre diroit tout fimple-ment ; que fi l'Europe n'eft pas Ma-hométane comme l'Afie , c'eft que Mahomet étoit en Afie & non pas en Europe ; cette raifon eft naturelle & vraye ; mais elle n'a pas le mérite de la nouveauté ; il ne faut pas beau-coup d'efprit pour la découvrir ; tout le Monde eft bon pour cela : au lieu que cette influence du climat eft une découverte ingénieufe qui ne peut être attribuée qu'à la pénétration d'ef-prit de l'Auteur. Quoi de plus fatis-faifant que de trouver dans chaque chofe des rapports auxquels perfonne n'a jamais penfé ? Quoi de plus ingé-nieux , par exemple , que ce qui fuit.

» L'opinion de la métempficofe
» eft faite pour le climat des Indes.
» L'exceffive chaleur brûle toutes les
» campagnes, on n'y peut nourrir que
» très-peu de bétail ; on eft toujours en
» danger d'en manquer pour le labou-
» rage; les bœufs ne s'y multiplient que
» médiocrement, ils font sujets à beau-
» coup de maladies ; une Loi de Reli-
» gion qui les conferve eft donc très-

» convenable à la Police du Pays.

Pytagore qu'on regarde comme le premier Auteur du sentiment de la Métempsycose, ne pensoit peut-être guére à tout cela, lorsqu'il a mis au jour son opinion ; de même que Moyse ne songeoit guére non plus à la santé de ses freres lorsqu'il leur défendit de manger du cochon. Cependant comme la chair de cet animal se transpire peu, & que même elle empêche beaucoup la transpiration des autres alimens ; comme le défaut de transpiration forme d'ailleurs ou aigrit les maladies de la peau ; M. de M. trouve que c'est pour cela que cette nourriture devoit être défendue dans la Palestine, où l'on est fort sujet à ces sortes de maladies ; c'est pour cela que chez les Juifs le cochon étoit un animal immonde.

Je reprends le Livre de l'Esprit des Loix, voici encore ce que j'y trouve. » Il n'est presque pas possible que le » Christianisme s'établisse jamais à la » Chine. Les vœux de virginité, les » assemblées des femmes dans les » Eglises, leurs communications né- » cessaires avec les Ministres de la

» Religion , leur participation aux
» Sacremens , la Confession auricu-
» laire, l'Extrême-Onction, le Mariage
» d'une seule femme, tout cela ren-
» verse les mœurs & les manieres du
» pays : & frappe encore du même
» coup sur la Religion & sur les Loix.
» La Religion Chrétienne par l'éta-
» blissement de la charité , par un
» culte public , par la participation
» aux mêmes sacremens , semble de-
» mander que tout s'unisse ; les Rites
» des Chinois semblent ordonner que
» tout se sépare.

La principale raison qui empêche
le Christianisme de faire de grands
progrès à la Chine, c'est que ces Peuples se regardent comme supérieurs
à tous les autres. Ils ne sçauroient
croire qu'il y ait sur la terre des Nations plus sages , plus anciennes &
plus éclairées qu'eux. Dans cette per-
suasion ils font très-peu de cas de
tout ce que nos Missionnaires leur
racontent de notre Religion. On leur
dit , par exemple , qu'il n'y a que six
mille ans que Dieu a créé l'Univers ;
& l'Histoire de leur Empire remonte
dix fois plus haut. Ils citent les noms,

ils rapportent les actions des Princes qui les gouvernoient long-tems avant l'époque de la création. Ajouterions-nous beaucoup de foi à des écrits qui ne feroient fortir le Monde du néant que plufieurs années après le Baptême de Clovis ? Il eft vrai que leurs hiftoires font fauffes, & qu'ils font dans l'erreur; mais ils font auffi attachés à cette erreur, que nous le fommes nous-mêmes à la vérité de nos Annales.

Je finis ce premier article par deux propofitions que je tire de ce Livre; elles n'ont pas un rapport bien direct avec le climat, mais elles renferment des contradictions qu'il ne m'eft pas poffible de diffimuler.

1°. » La Religion Chrétienne, dit » l'Auteur, veut que chaque Peuple ait » les meilleures Loix politiques & les » meilleures Loix civiles.

2°. » Lorfque l'Etat eft fatisfait d'u-» ne Religion déja établie, ce fera une » très-bonne Loi civile de ne point y » fouffrir l'établiffement d'une autre.

De ces deux propofitions je forme un raifonnement tout fimple. Le voici. La Religion Chrétienne veut que chaque Peuple ait les meilleures Loix.

civiles : or est-il, que c'est, selon l'Auteur, une très-bonne Loi civile de ne pas souffrir à Constantinople , par exemple, d'autre Religion que celle de Mahomet , puisque l'Etat en est satisfait : donc pour obéïr à la Religion Chrétienne, il faut être Mahométan à Constantinople. Il n'y a point là-dedans de Théologie , c'est de la Logique toute pure. Si cette conséquence est ridicule , & que le Syllogisme cependant soit en forme, il faut nécessairement que le vice se trouve dans l'une des prémices ; & ces prémices, comme on vient de le voir , je les ai tirées de l'Esprit des Loix.

Rapprochons présentement de cette conséquence une autre proposition que je trouve encore dans cet Ouvrage , & nous y découvrirons aussi une autre contradiction.

» Sur le caractére de la Religion » Chrétienne & celui de la Mahomé- » tane, l'on doit, *sans autre examen,* » embrasser l'une & rejetter l'autre.

Voilà donc qu'on veut actuellement que l'on rejette la Religion Mahométane , & il n'y a qu'un moment qu'on nous disoit qu'il étoit très-bon de la conferver. Mais ce n'eſt pas encore la ſans doute, le dernier mot de l'Auteur ; ſuivons-le, & je ſuis perſuadé qu'il ſe raviſera. Juſtement ; car voici qu'il change déja de ſentiment.» Quand » on eſt maître de recevoir dans un » Etat une nouvelle Religion, ou de ne » la pas recevoir, il ne faut pas l'y éta- » blir. « On ne doit donc plus par conſéquent, ſur le caractére de la Religion Chrétienne l'embraſſer *ſans autre examen*, puiſqu'il y a des occaſions, où, malgré ſon caractére, il ne faut pas la recevoir, ſi on en eſt le maître.

Comment l'Auteur peut-il varier ainſi à chaque pas ? Et quel fond peut-on faire ſur une marche auſſi incertaine ? Dans un Ouvrage Philoſophique & qu'on donne pour tel, la raiſon doit toujours parler le langage qui lui eſt propre, & ne pas emprunter celui d'une imagination qui s'égare. Un Livre qui a coûté vingt années de travail peut bien quelquefois manquer de génie ; mais jamais d'exactitude. On remarque cependant ici tout le contraire ; le génie s'y fait appercevoir à chaque page ; on y reconnoît un homme qui penſe ; ce qui eſt

fort rare actuellement ; mais qui ne
pense pas toujours juste ; qui ne raisonne pas toujours conséquemment à
ses principes , & dont les principes
quelquefois sont très - contraires aux
idées les plus vrayes & les plus commu-
nes. Une chose qui m'a toujours fort
étonné, c'est de voir des gens d'esprit,
des hommes profonds , des génies mêmes , qui raisonnent mal. On pourroit pardonner absolument à un Poëte
d'être peu exact ; mais jamais à un
Philosophe de manquer de Logique.
Il y a moins de honte d'avoir fait une
mauvaise Tragédie , un mauvais Discours , une mauvaise Histoire , que
d'avoir fait un mauvais Raisonnement
sur-tout dans ces sortes d'Ouvrages où
la raison doit toujours présider.

L'Auteur a beau nous dire dans sa
Préface qu'il n'a point tiré ses principes de ses préjugés ; mais de la nature des choses. Pour moi , je crois
avoir assez prouvé, qu'il n'est point de
la nature de la Religion Chrétienne,
par exemple, d'être incompatible avec
le climat asiatique ; ce n'est donc point
de sa nature que l'Auteur a tiré ce qu'il
a avancé à ce sujet.

Il ajoute que bien des vérités ne se feront sentir dans son Ouvrage, qu'a-près qu'on aura vû la chaîne qui les lie à d'autres. J'avouë que j'ai été assez malheúreux, pour ne point voir cette chaîne. Je n'ai apperçu qu'une infinité de petits anneaux, dont les uns sont d'or à la vérité, les autres de diamans & de pierres les plus rares & les plus précieu-ses ; mais enfin, ce ne sont que des an-neaux qui ne forment point de chaîne.

Quelqu'un a appellé le Livre de l'Es-prit des Loix, *le porte-feuille d'un hom-me d'esprit.* Je ne crois pas qu'en si peu de mots on puisse mieux définir cet Ouvrage. On sent, en effet, qu'il n'y a qu'un homme d'esprit, qui ait pû produire les choses admirables qu'il contient ; mais ce n'est qu'un porte-feuille, c'est-à-dire, un amas de pié-ces décousues, un tas de morceaux dé-tachés ; enfin, une infinité d'excellens matériaux, dont on pourroit faire un très-bon Livre. Il n'y auroit pour ce-la, qu'à lier un peu plus les parties les unes aux autres ; qu'à réünir sous le même point de vûë celles qui traitent du même sujet ; qu'à retrancher ce qu'il y a de superflu, qu'à éclaircir les

endroits obscurs ; qu'à corriger quelques citations ; qu'à parler d'une maniere qui soit un peu plus à la portée
du commun des Lecteurs ; & sur-tout
qu'à éviter des contradictions qui peuvent bien se trouver dans un porte-
feuille , mais que l'on ne doit point
rencontrer dans un Livre.

ARTICLE II.

LA MORALE,

*Confidérée par rapport au climat & au
Gouvernement.*

POUR procéder toujours avec ordre à l'examen de cet Ouvrage, on
suivra ici la méthode qu'on a déja observée au commencement de cet extrait. On n'a confidéré la Religion que
par rapport au Climat & au Gouvernement ; C'est aussi sous ces deux points
de vûë seuls qu'on va réünir ce qui regarde la Morale.

La vertu , selon M. de M. n'est
pas une chose nécessaire dans tous
les Gouvernemens , ni dans tous les
Pays. Il est vrai qu'il en faut avoir dans
une République , mais dans une Monarchie on n'en a que faire ; & elle
seroit

feroit dangereufe dans le Gouvernement defpotique. Ainſi ce qui, à la
Haye, peut faire un bon Citoyen,
n'en feroit qu'un fort mauvais à Paris,
un plus mauvais encore à Conſtantinople.

» Il ne faut pas beaucoup de pro-
» bité, dit-on, pour qu'un Gouverne-
» ment monarchique, ou un Gouver-
» nement defpotique, ſe maintien-
» nent ou ſe ſoutiennent. La force
» des Loix dans l'un, le bras du Prin-
» ce toujours levé dans l'autre, réglent
» ou contiennent tout. Mais dans un
» Etat populaire, il faut un reſſort de
» plus, qui eſt la vertu.

» Dans les Monarchies, la politi-
» que fait faire les plus grandes choſes
» avec le moins de vertu qu'elle peut,
» l'Etat ſubſiſte indépendamment de
» l'amour pour la Patrie, du déſir
» de la vraie gloire, du renoncement à
» ſoi-même, du ſacrifice de ſes plus
» chers intérêts, & de toutes les
» vertus héroiques que nous trouvons
» dans les anciens. Les Loix y tien-
» nent la place de toutes ces *vertus,*
» *dont on n'a aucun beſoin;* l'Etat vous
» en diſpenſe.

» Dans les Monarchies bien réglées,
» tout le monde sera à peu près bon
» Citoyen ; & on trouvera rarement
» quelqu'un qui soit homme de bien ;
» car pour être homme de bien, il
» faut avoir intention de l'Etre.

» Je sçais très-bien qu'il n'est pas
» rare qu'il y ait des Princes vertueux ;
» mais je dis que dans une Monar-
» chie, il est très-difficile que le Peu-
» ple le soit.

» Pourquoi dans le Gouvernement
» despotique, l'éducation s'attache-
» roit-elle à former un bon Citoyen,
» qui prît part au malheur public ?
» S'il aimoit l'Etat, il seroit tenté de
» relâcher les ressorts du Gouverne-
» ment ; s'il ne réussissoit pas, il se
» perdroit ; s'il réussissoit, il courroit
» risque de se perdre lui, le Prince
» & l'Empire.

Tout ceci, comme on voit, tient
beaucoup du paradoxe ; & pour peu
qu'on veuille se donner la peine de
réfléchir, on sentira bien-tôt la fausseté de toutes ces propositions. Mais
pour éviter moi-même, dans l'examen que j'en ferai, la confusion qui

régne dans cet Ouvrage, voyons d'a-
bord ce que l'Auteur entend par le mot
de *vertu* : je ferai remarquer enfuite les
contradictions où il tombe par rapport
à la fignification qu'il lui donne.

» Je parle ici, dit-il, dans une
» note, je parle de la vertu politique
» qui eft la vertu morale, dans le fens
» qu'elle fe dirige au bien général; fort
» peu des vertus morales particulieres,
» & point du tout de cette vertu qui a
» du rapport aux vérités révélées.

» On peut définir cette vertu, dit-
» il ailleurs, l'amour des Loix & de la
» Patrie.

» La vertu dans une République eft
» une chofe très-fimple; c'eft l'amour
» de la République.

Par le mot de *vertu*, l'Auteur, comme
on voit, n'entend ici, ni la probité,
ni la juftice, ni la bonne foi, ni toutes les qualités qui font l'honnête
homme, l'homme vertueux, l'homme de bien. Il ne parle uniquement
que de l'amour de la Patrie & de l'E-
tat; & il prétend que la vertu, prife
dans ce fens-là, eft inutile dans le
Gouvernement monarchique, dange-

G iij

reufe dans le defpotique , néceffaire
dans le Républicain. C'eft de ce principe qu'il tire enfuite toutes les conf-
féquences qui forment plus de la moitié de fon premier volume. Or je fou-
tiens moi que ce principe eft faux &
que la vertu , dans le fens qu'on lui
donne ici , eft auffi néceffaire dans
les deux premiers Gouvernemens que
dans le troifiéme. Car enfin fi *la ver-*
tu , dans une République eft l'amour de
la République, la vertu , dans une Monarchie , eft donc auffi l'amour de la
Monarchie ; la vertu , dans le Gouvernement defpotique , eft donc auffi
l'amour du defpotifme ; or je prétens que l'amour du defpotifme & de
la Monarchie eft auffi néceffaire , pour
que ces deux Gouvernemens fe fou-
tiennent , qu'il eft néceffaire d'aimer
la République , pour que la République fubfifte. En effet , fuppofons pour
un inftant, que dans un Royaume tous
les Sujets manquent de *vertu* ; c'eft-à-
dire , qu'aucun d'eux n'ait dans le
cœur *l'amour de la Monarchie* : qu'ar-
riveroit-il alors ? Ce qui arriva chez
les Romains lorfqu'ils ne voulurent

plus obéir à des Rois; ce qui arriva
en Hollande lorfque ces Peuples fe
laſſerent d'être gouvernés par un Monarque; c'eſt-à-dire que l'Etat chan-
geroit de face, le Gouvernement
prendroit une nouvelle forme, la Monarchie périroit. Car » le Gouverne-
» ment eſt comme toutes les choſes
» du monde, dit l'Auteur lui-même;
» pour le conſerver, il faut l'aimer. »
Qu'on détruiſe donc parmi les Turcs
l'amour du deſpotiſme; & bien-tôt
l'Empire Ottoman ne formera plus
qu'une Monarchie, ou ſe changera
en République. Tant il eſt vrai que
la *vertu* n'eſt pas moins néceſſaire chez
eux que parmi les Républicains, &
qu'elle eſt également le principe de
leur Gouvernement & du gouvernement Monarchique.

L'Auteur n'a donc pas eû raiſon
de dire, comme il a fait » qu'il ne
» faut pas beaucoup de vertu pour que
» ces deux Gouvernemens ſe ſou-
» tiennent; qu'ils ſubſiſtent l'un &
» l'autre indépendamment de la ver-
» tu; qu'on n'y en a aucun beſoin,
» que l'Etat en diſpenſe; qu'il eſt

» très-rare que le Peuple y soit ver-
» tueux; & qu'enfin la politique y
» fait faire les plus grandes choses
» avec le moins de vertu qu'elle
» peut ». Il est étonnant qu'il n'ait
point vû la fausseté de toutes ces propositions; elle saute aux yeux; & il
n'y a point de Lecteur, pour peu qu'il
soit intelligent, qui ne l'apperçoive
du premier coup d'œil. Il ne faut
faire pour cela qu'un raisonnement
des plus simples : car si la vertu est
l'amour de l'Etat, & si l'Etat ne peut
subsister sans cet amour, comment
peut-on dire que *l'Etat n'en a aucun*
besoin, qu'il en dispense ? C'est-là une
de ces contradictions si palpables,
qu'on est surpris de la trouver dans
un Ouvrage qui porte partout l'em-
preinte du génie le plus sublime.

Mais ce qui surprend encore beaucoup, c'est de voir combien l'Auteur
de l'Esprit des Loix s'accorde peu
avec lui-même, dans la signification
qu'il donne au mot de *vertu.* On vient
de voir que par-là il n'entend que l'a-
mour du Gouvernement; voilà l'u-
nique sens dans lequel il veut qu'on

le prenne , il rejette toute autre fignification , il déclare expreffément dans
une note, qu'il n'admet que celle-là ;
& en même tems & dans le même
endroit , il le prend lui-même dans
un fens tout différent. En effet , ce
qui fait l'honnête homme , l'homme
vertueux , l'homme de bien ; ce dont
la privation fait les malhonnêtes
gens , les fourbes , les trompeurs , ce
n'eft certainement pas l'amour du
Gouvernement , fur tout dans cette
efpéce de Gouvernement , où cet
amour eft inutile , où il eft même dangereux ; or eft-il que par vertu , l'Auteur entend ce qui fait l'honnête
homme , l'homme de bien , l'homme
vertueux ; ce dont la privation fait
les malhonnêtes gens , les fourbes ,
les trompeurs : donc par vertu , il entend autre chofe que l'amour du Gouvernement.

Je dis que par vertu , il entend ce
dont la privation fait les malhonnêtes gens ; ce qui le prouve , c'eft
qu'après qu'il a fait un portrait affreux
des Courtifans , il ajoute : ,, Or
,, il eft très-malaifé , que les princi-

,, paux d'un Etat ſoient malhonnêtes
,, gens, & que les inférieurs ſoient
,, gens de bien; que ceux-là ſoient
,, trompeurs, & que ceux-ci conſen-
,, tent à n'être que dupes. Tant il eſt
,, vrai, que la *vertu* n'eſt pas le reſſort
,, du Gouvernement Monarchique. ,,

Voilà donc l'Auteur de l'Eſprit des
Loix qui déclare que par le mot de
vertu il entend uniquement l'amour de
l'Etat, & qui en même-tems & dans
le même endroit lui donne une ſi-
gnification toute différente; le voilà
donc, par conſéquent encore une fois
en contradiction avec lui-même.

De la vertu en général, ou ſi l'on
veut, de l'amour de la Patrie, puiſque c'eſt là le ſens qu'il plaît quelquefois à l'Auteur de donner au mot
de *vertu* à l'excluſion de tout autre,
il paſſe aux vertus particulieres, telles
que ſont, par exemple, la franchiſe,
la politeſſe &c. vertus qui, ſelon lui,
,, *Ne ſont jamais ſi pures dans les Mo-*
,, *narchies, que dans les Gouvernemens*
,, *Républicains.*

Dans un Etat Monarchique, ,, On
,, veut, dit-il, de la vérité dans le

,, difcours. *Mais eft-ce par amour pour*
,, *elle ? point du tout.* On la veut, parce
,, qu'un homme qui eft accoutumé à
,, la dire *paroît être hardi & libre.* C'eft
,, ce qui fait qu'autant qu'on y re-
,, commande cette efpéce de fran-
,, chife , autant-on y méprife *celle du*
,, *Peuple , qui n'a que la vérité & la*
,, *fimplicité pour objet.*

,, L'éducation dans les Monarchies,
,, exige dans les manieres une cer-
,, taine politeffe. Les hommes nés
,, pour vivre enfemble , font nés auffi
,, pour fe plaire ; & celui qui n'ob-
,, ferveroit pas les bienféances , cho-
,, quant tous ceux avec qui il vivroit,
,, fe décréditeroit au point, qu'il de-
,, viendroit incapable de faire aucun
,, bien. Mais ce n'eft pas d'une fource
,, fi pure , que la politeffe a coutume
,, de tirer fon origine ; elle naît de
,, l'envie de fe diftinguer. *C'eft par*
,, *orgueil que nous fommes polis.* Nous
,, nous fentons flattés d'avoir des ma-
,, nieres qui prouvent que nous ne
,, fommes pas dans la baffeffe , &
,, que nous n'avons pas vécu avec
,, cette forte de gens que l'on a aban-

„ donnés dans tous les âges.

Il est bien vrai que l'homme se recherche toujours un peu lui-même dans la pratique de la vertu. Si c'est-là, ce que l'Auteur a voulû dire, je conviens qu'il a raison ; mais c'est un défaut de l'humanité, & non pas des Monarchies. Les Citoyens d'une République n'ont - ils pas aussi cela de commun avec tous les autres Peuples de l'Univers ? Il suffit d'être homme pour avoir de l'amour propre, & pour aimer singulierement tout ce qui peut tourner à nôtre avantage & à nôtre gloire. Je ne vois donc pas pourquoi l'on veut que ce défaut soit singulierement affecté au gouvernement Monarchique, & cela uniquement à raison de la forme de ce Gouvernement. Quoi ? parce que je vis dans une Monarchie, je ne dirai la vérité que pour *paroître libre,* tandis que dans une République, qui est un état plus libre, & où, parconséquent, on doit être plus jaloux de faire paroître sa liberté, on ne dira la vérité que *par amour pour elle* ? Pour moi à ne considerer que

la nature du Gouvernement, je tire-
rois une conséquence bien différente ;
& voici comment je raisonnerois :
s'il est un état, où, à raison de la forme
du Gouvernement, on ne dit la vérité que *pour paroître libre*, il est certain que c'est principalement celui
où l'on est le plus jaloux de sa liberté ;
celui dont la liberté fait, pour ainsi
dire le caractére distinctif ; telles
font les Républiques plutôt que les
Monarchies : C'est donc dans les Républiques, plutôt que dans les Monarchies, qu'on ne dit la vérité que
pour paroître libre ; c'est donc dans les
Républiques plutôt que dans les Monarchies, que la franchise n'a pour
principe qu'une vaine ostentation d'indépendance ; & par une conséquence
directement opposée au sentiment de
l'Auteur, quoique tirée de ses principes, cette vertu, à ne considérer
encore une fois que la nature du
Gouvernement, cette vertu dis-je,
n'est *jamais si pure dans les Gouvernemens Républicains, que dans les Monarchiques.*

On peut dire la même chose de la

politeſſe. On prétend que dans les Monarchies on n'eſt poli que *par orgueil & par envie de ſe diſtinguer*, & l'on donne à cette vertu un motif plus noble & plus relevé dans les Républiques. Et moi je ſoutiens tout le contraire ; & je dis que ſi l'on ne veut faire attention qu'au caractere de ces deux Gouvernemens, on trouvera que c'eſt dans le Républicain plutôt que dans le Monarchique, que l'orgueil & l'envie de ſe diſtinguer ſont le vrai principe de la politeſſe. Voici quel eſt encore mon raiſonnement. Dans les Monarchies, on a mille moyens de ſe diſtinguer du reſte des Citoyens : il y a des rangs, des dignités, des honneurs qui conſtituent les différens ordres de l'Etat, & qui mettent de la diſtinction parmi preſque tous les Sujets : au lieu que dans les Républiques, & ſurtout dans les Démocraties, il régne une égalité ſi parfaite, qu'un Citoyen ne peut pas s'élever au-deſſus d'un autre par ſon état ni par ſon rang. Cependant il veut ſe diſtinguer ; car enfin il ne faut pas croire que parce qu'on vit dans

une République, on soit entierement
dépouillé des foibleses de l'humanité, & qu'un Républicain soit exempt
d'amour propre. Ne pouvant donc se
mettre au-dessus des autres par son
état, il est naturel qu'il tâche du
moins de se faire remarquer par des
manieres douces, affables, prévenantes, en un mot par sa politesse.

De plus, c'est la naissance, la faveur du Prince, des services rendus
à l'Etat, qui, dans une Monarchie,
éléyent un Sujet aux honneurs & aux
dignités: dans une République au contraire, s'il y a quelques places de
distinction, on n'y parvient que par
le suffrage du Peuple. Il faut donc le
gagner ce Peuple, pour obtenir son
suffrage; & comment le gagne-ton ?
Sinon par des manieres douces, affables, prévenantes; en un mot par la
politesse.

La politesse est donc le plus sûr,
& peut-être même l'unique moyen
de se distinguer dans les Républiques: c'est donc das les Républiques
aussi, plutôt que dans les Monarchies, que l'envie de se distinguer est

le principe de la politeſſe ; c'eſt donc dans les Républiques plutôt que dans les Monarchies, qu'*on n'eſt poli que par orgueil* ; & par une conſéquence toujours oppoſée au ſentiment de l'Auteur , *cette vertu*, en ſuppoſant auſſi toujours qu'on ne veut faire attention qu'à la nature du Gouvernement, *cette vertu ne tire pas ſon origine d'une ſource moins pure dans les Monarchies que dans les Républiques.*

Mais ſoyons de bonne foi , & convenons que la forme du Gouvernement n'influe en rien dans les motifs qui animent la plûpart de nos vertus. Il eſt vrai qu'il y a des gens qui diſent la vérité par amour pour elle-même ; que d'autres ſont polis dans la vue de ſe rendre par-là plus utiles à la ſociété ; mais c'eſt le petit nombre dans l'un & dans l'autre Gouvernement. Partout la franchiſe eſt l'effet d'un heureux naturel , la politeſſe eſt le fruit d'une bonne éducation ; mais dans tous les Gouvernemens du monde , les hommes ne ſont francs & polis qu'autant qu'ils y trouvent leur intérêt particulier , & que ces deux vertus peuvent tourner à leur avantage. Car tel est l'homme ; il se recherche toujours lui-même, dans les Républiques tout comme dans les Monarchies. Voilà ce qu'on peut dire de plus vrai ; tout le reste n'est que paradoxe, & ne se trouve point du tout à sa place dans un ouvrage aussi grave que celui-ci. Quand Ciceron pour s'égayer & pour exercer son esprit a voulu donner une apparence de vérité à quelques propositions singuliéres & paradoxales, il l'a fait dans un petit écrit séparé ; mais il n'a pas choisi pour cela son Traité *des Loix.* Chaque chose doit être dans son lieu ; & il y a telles propositions que l'on voit ici avec peine, & qui peut-être auroient été lûes dans les Lettres Persannes avec plaisir.

Avant d'aller plus loin, il est à propos de faire encore remarquer en passant une petite contradiction qui se trouve dans les paroles que j'ai rapportées un peu plus haut. On prétend, comme nous l'avons vû, qu'on n'aime la vérité dans les Monarchies, que *pour paroître libre* ; & on ajoute cepen-

dant en même-tems, que la franchise
du peuple, c'est-à-dire, par conséquent, de plus des trois quarts & demi
de la Monarchie, *n'a que la vérité &*
la simplicité pour objet. Mais si le peuple ne dit la vérité que par amour pour
elle ; il s'ensuit donc, toujours dans les
principes de l'Auteur, car je ne m'en
écarte jamais ; il s'ensuit, dis-je, que
le reste de l'Etat en fait de même.
Pourquoi cela ? On va nous le dire,
ou plutôt on nous la déja dit. C'est
qu'il est mal aisé que les principaux d'un
Etat soient malhonnêtes gens, & que les
inférieurs soient gens de bien ; que ceux-
là soient trompeurs, & que ceux-ci con-
sentent à n'être que dupes. Si donc on
peut conclure de la vertu des premiers
d'une Monarchie par celle du peuple,
& s'il est vrai que le peuple ne dit la
vérité que par amour pour elle-même, il s'ensuit par conséquent, que
la franchise des principaux d'une Monarchie n'a, comme celle du peuple,
que la vérité & la simplicité pour objet ; que dans les Monarchies, on ne
dit pas la vérité uniquement pour paroître libre, & conséquemment, que

l'Auteur de l'Esprit des Loix est encore ici en contradiction avec lui-même. Pour avoir voulu donner un peu trop à la politique, il ne s'est point assez appliqué, à être bon Dialecticien. Il faut qu'un Philosophe commence d'abord par avoir de la Logique. C'est-là le fondement & la baze de toutes les Sciences. La Politique la plus rafinée, si elle n'est appuyée sur de bons raisonnemens, est un bâtiment qui s'écroule. Il est vrai que la plûpart des Lecteurs n'y regardent pas de si près ; éblouis par l'éclat de quelques ornemens qui se trouvent dans les débris de l'édifice, c'est-là uniquement que se porte leur attention ; ils ont la vûe trop foible, pour envisager à la fois tout le corps de l'ouvrage ; ils n'en considerent que les parties les plus brillantes ; & ces beautés de détails absorbent tellement toutes les lumiéres de leur esprit, qu'il ne leur en reste plus pour s'appercevoir des imperfections & du peu de solidité de l'ensemble.

Mais je tomberois moi-même dans un défaut plus grand que celui que je reproche aux autres , si je ne faisois remarquer que les endroits défectueux de cet Ouvrage , & si ma vûe ne se portoit pas aussi de tems en tems sur quelques-uns des morceaux brillans qui ont fait , j'ose le dire , toute la vogue de ce Livre. Ils sont en si grand nombre , que le choix en seroit difficile ; je me contenterai donc d'en rapporter ici deux ou trois que je prendrai au hazard. Voici , par exemple , qui , me paroît fort bien dit , & qui selon moi , est tout neuf , quoique dans le vrai.

„ L'amour de la Patrie conduit à la
„ bonté des mœurs , & la bonté des
„ mœurs à l'amour de la Patrie.
„ Moins nous pouvons satisfaire nos
„ passions particulieres , plus nous
„ nous livrons aux générales. Pour-
„ quoi les Moines aiment-ils tant leur
„ Ordre ? C'est justement par l'endroit
„ qui fait qu'il leur est insupportable ;
„ leur Régle les prive de toutes les
„ choses sur lesquelles les passions or-
„ dinaires s'appuyent : reste donc cette
„ passion pour la Régle même qui les
„ afflige. Plus elle est austére , c'est-à-

,, dire, plus elle retranche de leurs
,, penchans, plus elle donne de force
,, à ceux qu'elle leur laisse.

Ce qui suit caractérise assez bien
deux Peuples tout à la fois : la jalousie
des uns, & l'indiscrétion des autres.

,, Les François ont été chassés neuf
,, fois de l'Italie, à cause, disent les
,, Historiens, de leur insolence à
,, l'égard des femmes & des filles. C'est
,, trop pour une Nation d'avoir à souf-
,, frir la fierté du vainqueur, & en-
,, core son incontinence, & encore
,, son indiscrétion sans doute plus fâ-
,, cheuse, parce qu'elle multiplie à
,, l'infini les outrages.

Les femmes en Asie & dans tous les
pays extrémement chauds sont retenues par leurs maris dans une espéce
de servitude domestique, & voici la
raison que l'Auteur en apporte. Elle
est fort ingénieuse. Dans ces pays-là,
,, les femmes sont nubiles à huit,
,, neuf & dix ans ; ainsi l'enfance &
,, le mariage y vont presque toujours
,, ensemble. Elles sont vieilles à vingt :
,, la raison ne se trouve donc jamais
,, avec la beauté. Quand la beauté de-

» mande l'empire, la raiſon le fait re-
» fuſer ; quand la raiſon pourroit l'ob-
» tenir, la beauté n'eſt plus. Les fem-
» mes doivent donc être dans la dé-
» pendance ; car la raiſon ne peut
» leur procurer dans leur vieilleſſe un
» empire, que la beauté ne leur avoit
» pas donné dans la jeuneſſe même. »

Juſqu'ici l'Auteur a très-bien dit ;
mais il tire enſuite delà une conſéquence qui me paroît fort ſinguliére.
» Il eſt donc très-ſimple, conclut-il,
» qu'un homme, lorſque la Religion
» ne s'y opppoſe pas, *quitte ſa femme*
» pour en prendre une autre, & que la
» poligamie s'introduiſe. » Il eſt ſans
doute très-ſimple, de quitter une femme laide pour en prendre une jolie ;
mais cela ne vient point de la chaleur
du climat ; c'eſt l'effet d'un penchant
qui eſt naturel chez tous les hommes
de quelque pays qu'ils ſoient. Si on
avoit dit ſeulement que dans les pays
chauds on eſt plus porté à l'incontinence que dans les climats froids ou
tempérés ; & que de là on eût inféré
qu'une Religion qui permet d'avoir
pluſieurs femmes, devoit s'y établir

plus aifément que partout ailleurs, ce
raifonnement eût paru jufte. Mais de
prétendre que la polygamie s'y eft in-
troduite, parce que les femmes n'y
font jamais belles & raifonnables tout
à la fois; en vérité ce n'eft point conclure felon les régles de la bonne Logique, furtout lorfqu'on ajoute, qu'on
quitte fa femme pour en époufer une
autre. Si en prenant une nouvelle
époufe, on confervoit l'ancienne, cela
feroit tout différent, & le raifonnement prouveroit à merveille, voici
comment : dans les pays chauds, jamais la raifon & la beauté ne fe trouvent raffemblées dans la même perfonne; il eft naturel cependant, que
les hommes également touchés de
l'une & de l'autre, tâchent de les réunir dans leur maifon; il faut donc
pour cela qu'ils époufent plufieurs
femmes, & qu'en prenant les belles,
ils confervent les raifonnables. Voilà
la Polygamie. Mais l'on nous dit expreffément qu'on *quitte fa femme* pour
en prendre une autre. Ce n'eft donc
plus polygamie, c'eft divorce, ou fi
l'on veut, répudiation.

Puifque nous fommes fur l'article
des femmes , voyons fi c'eft avec raifon qu'on a accufé l'Auteur de l'Efprit
des Loix d'avoir un peu maltraité le
beau fexe ; on en jugera par les traits
que je vais citer.

» Les femmes ont peu de retenue
» dans les Monarchies, parce que la
» diftinction des rangs les appellant
» à la Cour , elles y vont prendre cet
» efprit de liberté , qui eft le feul
» qu'on y tolere. Chacun fe fert de
» leurs agrémens & de leurs paffions
» pour avancer fa fortune ; & comme
» leur foibleffe ne leur permet pas
» l'orgueil, mais la vanité , le luxe y
» régne toujours avec elles.

Voilà les femmes dans les Monarchies ; elles valent infiniment mieux
dans les Républiques , il n'y a pas de
comparaifon. Elles y » font libres par
» les loix , & captivées par les mœurs ;
» le luxe en eft banni , & avec lui la
» corruption & les vices. » C'eft fans
doute de ces femmes-là que l'Auteur
veut parler, quand il dit : » Il eft heu-
» reux de vivre dans ces climats qui
» permettent qu'on fe communique ;
» où

» où le sexe qui a le plus d'agrémens
» semble parer la société , & où les
» femmes se réservant aux plaisirs d'un
» seul , servent encore à l'amusement
» de tous.

Mais quittons pour un moment ces
heureux climats ; allons dans les pays
chauds , & nous verrons toute autre
chose. » Il y a de tels climats où le
» physique a une telle force , que *la*
» *morale n'y peut presque rien.* Laissez
» un homme avec une femme , les
» tentations seront des chutes , l'at-
» taque sûre , la résistance nulle. Dans
» ces pays , au lieu de préceptes , il
» faut des verroux.

Au reste , ajoute-t-on , » ce n'est
» pas seulement la pluralité des fem-
» mes qui exige leur clôture dans cer-
» tains lieux d'Orient , c'est le climat.
» Ceux qui liront les horreurs , les
» crimes , les perfidies , les noirceurs ,
» les poisons , les assassinats que la li-
» berté des femmes fait faire à Goa ,
» & dans les Etablissemens des Portu-
» gais dans les Indes où la Religion
» ne permet qu'une femme , & qui
» les compareront à l'innocence & à

Tome III.   H

» la pureté des mœurs des femmes de
» Turquie, de Perſe, du Mogol, de
» la Chine & du Japon, verront qu'il
» eſt ſouvent auſſi néceſſaire de les
» ſéparer des hommes lorſqu'on n'en
» a qu'une, que quand on en a plu-
» ſieurs.

    » C'eſt donc le climat qui doit dé-
» cider des choſes, conclut l'Auteur.
» Que ſerviroit d'enfermer les fem-
» mes dans nos pays du nord, où leurs
» mœurs ſont naturellement bonnes ;
» où toutes leurs paſſions ſont calmes,
» peu actives, peu rafinées ; où l'a-
» mour a ſur le cœur un empire ſi ré-
» glé, que la moindre police ſuffit
» pour les conduire.

    Ainſi ce n'eſt guére que le plus ou
le moins de chaleur qui rend les femmes en général plus ou moins vertueu-
ſes, & *la morale n'y peut preſque rien.*
De ſorte qu'il en eſt des femmes,
dans ce ſentiment, à peu près, comme
du lait qui reſte tranquille dans le
vaſe, ou qui en ſort avec impétuoſi-
té, ſelon qu'il eſt ou plus près ou plus
loin du feu ; ou bien, ſi l'on veut, on
pourra les comparer à ces liqueurs ſpi-

ritueuses, que le chaud ou le froid fait monter ou descendre dans le Thermomètre. Quand l'air est froid ou tempéré, la liqueur ne fait aucun effort pour s'échapper hors du tube ; mais à mesure que chaleur augmente, elle s'élève insensiblement, & on la verroit bien-tôt se répandre avec pré-cipitation, si l'on n'avoit soin de tenir le tuyau bien fermé. Image parfaite de ce que font les femmes dans les différens climats. Celles du Nord ont les mœurs naturellement bonnes ; il est donc inutile de les enfermer pour les ranger à leur devoir ; mais pour celles d'Orient, semblables à cette li-queur vagabonde que la chaleur met en mouvement, elles éprouvent en elles-mêmes une fermentation si vio-lente, qu'*au lieu de préceptes*, dit l'Au-teur, *il leur faut des verroux.*

Je ne sçais s'il y a rien dans tout ceci de trop désavantageux pour le beau sexe : car si d'un côté on dimi-nue le mérite des femmes vertueuses, on peut dire certainement qu'on rend aussi les autres bien moins coupables. Car enfin, que peut-on reprocher à

une perſonne qui s'écarte des régles
de la morale dans des choſes où *la
morale ne peut preſque rien*, où *le climat décide de tout* ? C'eſt une laïtue
que le trop de chaleur empêche de
pommer & fait monter en graines.
Eſt - ce la faute de la laïtue ? Non ;
c'eſt tout au plus celle du Jardinier,
qui n'a pas eû aſſez de ſoin de l'entretenir dans ſa fraîcheur.

Mais parmi les femmes, s'il y en
a qui ayent quelque raiſon de ſe
plaindre, ce ſont celles préciſément
dont on dit le plus de bien ; nos femmes du Nord. Car, outre qu'on diminue beaucoup le mérite de leur
vertu, comme je l'ai déja dit, on leur
ôte encore toute excuſe dans le vice.
En effet, comment juſtifier une conduite irréguliére dans les pays froids ?
Les fautes qu'on y fait y ſont perſon-
nelles, & on ne peut les attribuer
qu'à ſoi-même, puiſqu'on n'y manque
jamais de la grace du climat. Mais
que dis-je ? Il y a un certain tems dans
l'année, où, dans le Nord même, les
femmes manquent de cette grace, &
où, par conſéquent, elles peuvent faire

le mal impunément ; c'eſt le tems de l'Eté. A meſure que les chaleurs augmentent la grace du climat ſe retire, & la vertu des femmes doit diſparoître avec la glace. L'Hyver n'eſt donc pas pour elles le tems des plaiſirs, ils ſeroient accompagnés de trop de remords ; mais ſitôt que la belle ſaiſon ſe renouvelle, elles peuvent commencer à s'y livrer ſans ſcrupule ; elles n'ont plus la grace.

Malgré le vice que l'Auteur de l'ouvrage dont je rends compte, attribue à certains climats, il reconnoît cependant que la nature a gravé dans tous les cœurs, de quelque pays que l'on ſoit, un ſentiment que le climat ne ſçauroit effacer ; c'eſt la pudeur. ″ Toutes les Nations, dit-il, ſe ſont ″ également accordées à attacher du ″ mépris à l'incontinence des femmes; ″ c'eſt que la nature a parlé à toutes ″ les Nations. Elle a établi la dé- ″ fenſe, elle a établi l'attaque ; & ″ ayant mis des deux côtés des de- ″ ſirs, elle a placé dans l'un la témé- ″ rité, & dans l'autre la honte. Il ″ n'eſt donc pas vrai que l'inconti-

» nence fuive les loix de la nature;
» elle les viole au contraire ; c'eft la
» modeftie & la retenue qui fuivent
» ces loix.

Tout cela cependant n'eft pas fi
général, qu'il ne puiffe quelquefois fouffrir des exceptions. Il y a des
pays où la nature a tout fait à rebours ;
elle a placé la honte dans les hommes
& la témérité dans les femmes ; celles-
ci attaquent, ceux-là fe défendent.
» A Patane, par exemple, la lubricité
» des femmes eft fi grande, que les
» hommes font contraints de fe faire
» de certaines garnitures, pour fe
» mettre à l'abri de leurs entreprifes.
» C'eft-là que la nature a une force,
» & la pudeur une foibleffe qu'on ne
» peut comprendre. » Il faut donc
convenir que dans ce pays-là au moins
c'eft l'incontinence qui fuit les loix de
la nature, & que c'eft la pudeur qui
les viole ; car c'eft une loi conftante
de la nature, que le plus fort l'em-
porte toujours fur le plus foible. J'a-
voue que cette conféquence n'eft point
du tout conforme à la bonne morale,
mais elle fuit immédiatement des prin-

cipes qu'on a établis dans cet ouvrage.
Car dans des climats où *le physique a une*
telle force que la morale n'y peut presque
rien, il est évident qu'en cédant au physique, on ne fait qu'obéir à la nature &
suivre ses loix. Ainsi quand l'Auteur
dit que c'est la pudeur qui les suit toujours, & la continence qui les viole,
il pense certainement comme tout le
monde ; mais il ne raisonne pas con-
féquemment à ses principes. C'est
une faute dans laquelle il tombe souvent, ainsi que je l'ai déja fait remarquer plusieurs fois.

Le Livre de l'Esprit des Loix nous
apprend » qu'on trouve des mœurs
» plus pures dans les divers Etats
» d'Orient, à proportion que la clô-
» ture des femmes y est plus exacte ;
» que delà dérive, pour les femmes,
» toute la pratique de la morale, la
» pudeur, la chasteté, la retenue,
» le silence, la paix, la dépendance,
» le respect, l'amour, &c. on ne peut
» pas dire la même chose, ajoute-t-il,
» de certains pays des Indes, où la clô-
» ture des femmes ne peut être aussi
» exacte ; c'est-là qu'on voit jusqu'à

» quel point les vices du climat, laif-
» fés dans une grande liberté, peu-
» vent porter le défordre.

Il feroit en vérité bien étonnant,
que des femmes qui font continuellement enfermées, qui ne voyent jamais d'hommes, qui ne connoiffent
que leurs maris, qui ne fe trouvent
jamais dans l'occafion de mal faire,
ne fuffent pas plus retenues, plus
chaftes, plus dépendantes, que celles
à qui on laiffe toute leur liberté. Il
n'eft pas néceffaire d'aller en Orient
pour voir de pareilles chofes ; fans
doute que dans nos Couvens de Re-
ligieufes on doit trouver plus de modeftie, de filence, de pudeur, de
chafteté, de dépendance, que parmi
ce qu'on appelle les femmes du monde. Si l'Auteur de cet Ouvrage n'avoit
jamais dit que des chofes de cette nature, on ne l'accuferoit fûrement pas
d'avoir donné dans le paradoxe.

Je vais finir l'article qui regarde les
femmes par une penfée qui tient beaucoup de l'Epigramme ; on y verra que
l'Auteur s'égaye quelquefois fur la
gravité de fa matiere.

» C'est une conféquence de la poly-
» gamie, que dans les Nations volup-
» tueufes & riches, on ait un très-
» grand nombre de femmes. Leur fé-
» paration d'avec les hommes, & leur
» clôture fuivent naturellement de ce
» grand nombre. L'ordre domeftique
» le demande ainfi ; un débiteur infol-
» vable cherche à fe mettre à couvert
» des pourfuites de fes créanciers.

Je pafferois les bornes ordinaires
d'un extrait fi je voulois parler de
toutes les chofes qui ont rapport à la
morale, & que l'on fait dépendre ici
de la forme du Gouvernement ou de
la nature du climat. Je réduirai donc
à quatre articles feulement ce que j'ai
encore à dire là-deffus. Le luxe, le
courage, l'homicide de foi-même &
la bonne-foi.

C'eft le climat qui fait tout, qui
décide de tout dans cet Ouvrage.
C'eft lui qui introduit le luxe ou l'économie dans les Empires ; qui rend
les hommes lâches ou courageux ; qui
infpire la crainte ou le mépris de la
mort ; qui entretient la fourberie &
qui bannit la droiture.

H v

Le luxe dépend du climat, il dépend aussi du Gouvernement. Il y a des Etats & des pays où il est dangereux ; il y en a d'autres où il est utile & nécessaire. Voici comment on peut raisonner dans les principes de l'Auteur.

La vertu est le ressort des Républiques ; le luxe est contraire à la vertu : le luxe est donc dangereux dans les Républiques.

Un honneur faux est le principe des Monarchies ; le luxe est une suite de cet honneur : le luxe est donc nécessaire dans les Monarchies.

Le principe d'un Etat despotique, c'est la crainte. » Lorsqu'un Esclave » est choisi par son Maître pour tyranniser les autres Esclaves, incertain pour le lendemain de la fortune de chaque jour, il n'a d'autre » félicité, que celle d'assouvir l'orgueil, les desirs & les voluptés de » chaque jour. » Le luxe est donc nécessaire dans les Etats despotiques.

Voici un autre raisonnement. L'égalité des biens fait l'excellence d'une République ; il suit que moins il y a

de luxe dans une République , plus
elle eſt parfaite. Le luxe eſt donc
contraire à la perfection des Républiques ; par conſéquent dangereux dans
cette eſpéce de gouvernement.

» A meſure que le luxe s'établit
» dans une République , dit-on en-
»core , l'eſprit ſe tourne vers l'inté-
» rêt particulier. A des gens à qui il
» ne faut rien que le néceſſaire, il ne
» reſte à deſirer que la gloire de la
» Patrie & la ſienne propre.

Mais on peut dire la même choſe
des Monarchies ; il eſt bien certain
que ſi tous les ſujets ſe contentoient
du néceſſaire, il ne leur reſteroit plus
rien à deſirer que la gloire du Prince ,
la leur propre , & celle de l'Etat. Il
faut donc conclure auſſi , par la même
raiſon , que le luxe eſt dangereux
dans un gouvernement Monarchique.
Ce n'eſt cependant pas là le ſentiment
de l'Auteur , qui dit expreſſément ,
que les Républiques finiſſent par le
luxe , les Monarchies par la pauvreté ;
& voici comme il le prouve. »Com-
» me par la conſtitution des Monar-
»chies, les richeſſes y ſont inégalement

» partagées, il faut bien qu'il y ait du
» luxe. Si les riches n'y dépenſent
» pas beaucoup, les pauvres mour-
» ront de faim. Il faut même que les
» riches y dépenſent à proportion de
» l'inégalité des fortunes, & que le
» luxe y augmente dans cette pro-
» portion. Les richeſſes particuliéres
» n'ont augmenté, que parce qu'el-
» les ont ôté à une partie des Ci-
» toyens le néceſſaire phyſique ; il
» faut donc qu'il leur ſoit rendu.
» Ainſi, pour que l'Etat Monarchique
» ſe ſoutienne, le luxe doit aller en
» croiſſant, du Laboureur à l'Artiſan,
» au Négociant, aux Nobles, aux
» Magiſtrats, aux grands Seigneurs,
» aux Traitans principaux, aux Prin-
» ces ; ſans quoi tout ſeroit perdu.

Cette gradation eſt admirable,
des grands Seigneurs aux Traitans. Cela
fait bien voir que ce n'eſt ni le rang
ni la naiſſance, mais l'argent ſeul qui
régle le luxe.

Mais le luxe ne dépend pas ſeulement de la forme du Gouvernement, il dépend encore plus de la
nature du climat. Celui d'Angleterre

admet le luxe, celui de la Chine le
rejette, & en France on ne doit pas
le craindre ; en voici la raison. " En
" Angleterre le sol produit beaucoup
" plus de grain qu'il ne faut pour
" nourrir ceux qui cultivent les terres,
" & ceux qui procurent les vête-
" mens. Il peut donc y avoir des Arts
" frivoles, & par conséquent du luxe.
" En France il croît assez de bled pour
" la nourriture des Laboureurs, & de
" ceux qui sont employés aux Manu-
" factures. De plus le commerce avec
" les Etrangers peut rendre pour *des*
" *choses frivoles* tant de choses néces-
" saires, qu'on n'y doit guére craindre
" le luxe. A la Chine au contraire,
" les femmes sont si fécondes, & l'es-
" péce humaine s'y multiplie à un tel
" point, que les terres, quelque cul-
" tivées qu'elles soient, suffisent à
" peine pour la nourriture des Habi-
" tans. Le luxe y est donc pernicieux,
" & l'esprit de travail & d'économie
" y est aussi requis, que dans quel-
" ques Républiques que ce soit. Il faut
" donc s'attacher aux Arts nécessaires,
" & qu'on fuye ceux de la volupté.

Ne pourroit-on pas dire auſſi, que puiſque la Chine ne produit pas de-quoi nourrir tous ſes Habitans, il ſe-roit à propos qu'une partie de ces mê-mes Habitans s'appliquaſſent à *des choſes frivoles*, pour ſe procurer, com-me en France, par le commerce qu'ils en feroient avec les Etrangers, les choſes les plus néceſſaires ; & pour réparer par ce moyen le défaut du cli-mat : de ſorte que ce défaut-là même ſeroit juſtement la raiſon qui devroit introduire le luxe à la Chine.

Mais diſons mieux ; ce n'eſt ni la forme du Gouvernement, ni la na-ture du climat qui produit le luxe ; ce ſont nos paſſions, nos goûts, & ſur-tout notre façon de penſer. Tant qu'on croit, par exemple, qu'il y a de la gloire à être économe & frugal, on ai-me la frugalité & l'économie ; mais ſi-tôt qu'on commence à penſer différem-ment, ſitôt qu'on attache de l'honneur à tout ce qui a de l'éclat & qui brille ; en un mot, ſitôt qu'on regarde le luxe comme une marque de diſtinction, on aime le luxe. Il y a trois cens ans que la France formoit déja certainement un Etat Monarchique ; que le climat étoit le même qu'il est aujourd'hui ; on ne voyoit cependant alors ni édifices somptueux , ni équipages superbes, ni habits magnifiques ; les maisons étoient simples , les tables frugales , les vêtemens modestes ; nos ancêtres n'avoient chez eux ni tapisseries des Gobelins , ni glaces de Venise , ni tableaux de grand prix ; c'est qu'ils ne croyoient pas les bonnes gens, que rien de tout cela pût les rendre ni plus grands , ni plus estimables , ni plus heureux : mais ajourd'hui que la façon de penser est différente ; que ce n'est que par un certain éclat extérieur qu'on croit pouvoir se distinguer du reste des Citoyens ; que c'est-là uniquement en quoi on fait consister la grandeur, la félicité, le mérite ; aujourd'hui enfin qu'on n'est honoré qu'à proportion qu'on fait de la dépense , qu'à mesure qu'on donne dans le luxe , il n'est pas étonnant que le luxe se soit introduit parmi nous.

Quelle idée de vouloir tout attribuer au climat & au gouvernement , & rien aux passions, au goût , aux préjugés , à

l'éducation, à la mode ; tout au phyſique & rien au moral ; tout aux élémens
& rien à l'homme ! Le climat eſt dans
l'Eſprit des Loix, ce que le mouvement
eſt dans l'Univers, la cauſe univerſelle
de toutes choſes. Ce qui régle le culte
que l'on rend à la Divinité, c'eſt le
climat ; ce qui fait qu'une Nation a
plus de vertu qu'une autre, c'eſt le
climat ; ce qui rend les femmes ſages
ou voluptueuſes, c'eſt le climat : c'eſt
le climat qui régle la dépenſe, la maniere de s'habiller, de ſe loger, de ſe
meubler, de ſe nourrir. C'eſt le climat qui fait que les uns ſont braves,
les autres timides ; que les uns ont de
la bonne foi, & que les autres ſont
fourbes ; que les uns ſouhaitent de vivre, les autres de mourir. Oui vrai-
ment, c'eſt le climat qui fait que l'on
ſe tue en Angleterre. Cette action
eſt chez ces peuples une maladie de
pays. „ Les Anglois ſe tuent ſans
„ qu'on puiſſe imaginer aucune rai-
„ ſon qui les y détermine ; ils ſe
„ tuent dans le ſein même du bon-
„ heur. Cette action chez les Romains
„ étoit l'effet de l'éducation, elle te-

,, noit à leur maniere de penſer &
,, à leurs coutumes. Chez les Anglois,
,, elle eſt l'effet d'une maladie ; elle
,, tient à l'état phyſique de la ma-
,, chine , & eſt indépendante de toute
,, autre cauſe. Il y a apparence que
,, c'eſt un défaut de filtration du ſuc
,, nerveux : la machine dont les forces
,, motrices ſe trouvent à tout moment
,, ſans action , eſt laſſe d'elle-même :
,, l'ame ne ſent point de douleur ,
,, mais une certaine difficulté de l'exiſ-
,, tence. Il eſt clair que les Loix Ci-
,, viles de quelques pays peuvent
,, avoir eû des raiſons pour flétrir
,, l'homicide de ſoi-même : mais en
,, Angleterre on ne peut pas plus le
,, punir, qu'on ne punit les effets de
,, la démence.

Cet Ouvrage eſt ſi rempli de contradictions, que des propres principes
de l'Auteur on peut tirer des conſé-
quences qui détruiſent invincible-
ment encore ici ſon opinion. Il dit
que *les Anglois ſe tuent dans le ſein même
du bonheur :* ce n'eſt donc pas par maladie. Si la ſanté eſt le plus grand des
biens, la maladie eſt , par la raiſon

des contraires, le plus grand des maux : on n'est pas dans le sein du bonheur quand on est malade.

Si les Anglois se tuent dans le sein même du bonheur, cette action n'est donc pas chez eux l'effet d'une *machine lasse d'elle-même*, & qui sent à tout moment *une certaine difficulté de l'existence*. Un homme accablé du poids de la vie, peut-il être supposé dans le sein du bonheur ?

L'Auteur attribue cette espéce d'anéantissement, ce sentiment de la *difficulté de l'existence*, au défaut de filtration du suc nerveux, par lequel défaut *les forces motrices se trouvent à tout moment sans action*. Les Anglois sont cependant plus forts & plus robustes, que les peuples qui habitent les pays chauds ; la force & la vigueur des membres sont contradictoires avec la débilité des *forces motrices* ; elles supposent donc une abondante *filtration du suc nerveux*. C'est dans les pays chauds, où les *forces motrices* se trouvent fréquemment sans action, que la machine devroit plutôt se lasser d'elle-même.

Dans nos climats tempérés nous voyons que les hommes qui ont été occupés à des travaux fatiguans, éprouvent des lassitudes qui les accablent. Ils sentent dans ce cas la difficulté de l'existence ; ils n'ont point de douleur locale ; mais la dissipation des esprits a débilité & presqu'anéanti les *forces motrices* ; ils ne songent cependant pas à se tuer, quoi qu'ils soient précisément dans la disposition requise par l'Auteur de l'Esprit des Loix, pour se porter à cette action.

Ce n'est donc point le climat qui fait que l'on se tue en Angleterre : écoutons un Anglois qui est sur le point de se donner la mort ; il doit sçavoir quel est le sujet qui l'y détermine ; il va nous dire si c'est par des raisons physiques, ou pour des causes morales ; si c'est par un excès de folie, ou par un principe de sagesse qu'il veut se faire mourir.

* Mon cœur, mes sens flétris, ma funeste raison,

Tout me dit d'abréger le tems de ma prison.

* M. Gresset

Faut-il donc sans honneur attendre la
　　vieillesse,

Trainant pour tout destin les regrets, la
　　foiblesse,

Pour objet éternel l'affreuse vérité;

Et pour tout sentiment l'ennui d'avoir été?

C'est au stupide, au lâche à plier sous la
　　peine;

A ramper, à vieillir sous le poids de sa
　　chaîne;

Mais vous en conviendrés, quand on sçait
　　réfléchir,

Malheureux sans remede, on doit sçavoir
　　finir.

Parmi les motifs qui déterminent
Sidnei à se donner la mort, nous ne
voyons pas qu'il apporte aucune
cause Physique, ni aucune raison de
politique; il ne s'en prend ni au
climat ni au Gouvernement. Il ne
dit pas » que c'est *un défaut de filtration*
» *du suc nerveux;* que la machine,
» dont *les forces motrices* se trouvent à
» tout moment sans action, est lasse
» d'elle-même » : il dit seulement que
la vie est pour lui un fardeau pésant
dont il veut se délivrer par la mort.

Mais, dira-t-on, pourquoi la vie est

elle pour lui un fardeau si péfant, si
non par *un défaut de filtration du fuc
nerveux*, & parce que fes *forces motrices* se trouvent fans action ? Encore
une fois, ce n'eft pas là la raifon qu'il
en apporte ; la vie lui eft à charge,
parce qu'il eft *malheureux fans remede* ;
voilà pourquoi il veut la voir finir.
Qu'on ne dife donc pas que les Anglois
fe tuent *dans le fein même du bonheur* ;
rien n'eft plus faux. Il peut bien fe
faire peut-être que l'on ne connoiffe
pas toujours les véritables caufes qui
les portent à fe détruire ; mais ils
n'en viennent jamais à cette extrémité
fans quelque fujet de chagrin ou réel
ou imaginaire. Ce qu'on peut dire
feulement, c'eft qu'en Angleterre où
l'on penfe plus librement fur la Religion que partout ailleurs, on ne
regarde pas comme un crime l'homicide de foi-même. D'ailleurs, les
Loix n'y fletriffent point la mémoire
de ceux qui fe procurent une mort
volontaire. A des gens qui ne craignent rien devant Dieu ni devant les
hommes pour l'avenir, la mort eft le
remede le plus fimple & le plus natu-

rel aux maux préſens qui les accablent.

C'eſt donc la façon de penſer qui, comme chez les Romains, fait que l'on ſe tue en Angleterre, & non pas *le défaut de filtration du ſuc nerveux, l'inaction des forces motrices,* ou une maladie de climat.

* Le
même.

* C'en eſt donc fait enfin, tout eſt fini pour
  moi ;
Ce breuvage fatal que j'ai pris ſans effroi,
Enchaînant tous mes ſens dans une mort
  tranquille,
Va du dernier ſommeil aſſoupir cet argile !
Nul regret, nul remord ne trouble ma
  raiſon :
L'Eſclave eſt-il coupable en briſant ſa
  priſon ?
Le Juge qui m'attend dans cette nuit ob-
  ſcure,
Eſt le pere & l'ami de toute la nature ;
Rempli de ſa bonté, mon eſprit immortel
Va tomber, ſans frémir, dans ſon ſein pa-
  ternel.

La foi nous apprend que des flammes vengereſſes attendent dans l'autre vie tous ceux qui ſe donnent eux-mêmes la mort dans celle-ci. Voici un Anglois qui manque de foi à cet égard & qui se persuade au contraire qu'une action pareille va être suivie d'une éternité de délices. Dira-t-on aussi, que c'est par *un défaut de fil-tration du suc nerveux,* par l'*inaction des forces motrices,* par maladie de climat, que cet Anglois manque de foi ?

Mais si l'on ne peut pas dire que ce soit le climat qui fasse venir aux gens des envies de se tuer ; n'est-ce pas lui du moins qui leur inspire de la valeur & du courage ? Car enfin, si le climat ne fait pas tout, on ne peut pas nier cependant qu'il ne fasse quelque chose.

Que ce soit le climat qui rende les hommes braves & courageux, c'est-là une chose sur laquelle l'Auteur de l'Esprit des Loix ne croit pas qu'on puisse avoir aucun doute, & voici de quelle maniere il établit son sentiment.

» L'air froid resserre les extrémités » des fibres extérieures de notre corps; » cela augmente leur ressort, & favo- » rise le retour du sang des extrémi- » tés vers le cœur. Il diminue la lon-

» gueur de ces mêmes fibres ; il aug-
» mente donc encore par-là leur force.
» Cette force plus grande doit pro-
» duire plus de confiance en foi-même,
» c'eſt-à-dire plus de courage.

  » L'air chaud relâche les extrémités
» des fibres & les allonge ; il diminue
» donc leur force & leur reſſort ; met-
» tés un homme dans un lieu chaud
» & enfermé , il ſouffrira une défail-
» lance de cœur très-grande ; ſi dans
» cette circonſtance on va lui propo-
» ſer une action hardie , je crois qu'on
» l'y trouvera très-peu diſpoſé ; ſa
» foibleſſe préſente mettra un décou-
» ragement dans ſon ame ; il craindra
» tout , parce qu'il ſentira qu'il ne
» peut rien.

  » Les Peuples des pays chauds ,
» conclut l'Auteur , ſont timides com-
» me les vieillards le ſont ; ceux des
» pays froids, ſont courageux, comme
» le ſont les jeunes gens.

  Tout ce raiſonnement roule ſur
une ſuppoſition fauſſe ; ſçavoir que
c'eſt la foibleſſe ou la force du corps
qui rend les hommes timides ou courageux. On pourroit citer une infinité
d'exemples

d'exemples qui démentiroient ce principe. Dira-t-on, par exemple, que parmi notre Noblesse il n'y ait pas plus de bravoure ni de véritable courage, que parmi ceux qu'elle employe à cultiver ses terres ? Il est sûr néanmoins, généralement par-lant, que ceux-ci sont plus forts & plus vigoureux que leurs maîtres. Ce n'est donc point la force ni la vi-gueur du corps qui inspirent du cou-rage ; c'est la naissance, l'éducation, les préjugés, le point d'honneur ; en un mot c'est la façon de penser & non pas le climat.

Que deux Paysans également forts & vigoureux, & nés sous le même Ciel, entrent au service du Roi, l'un dans un vieux Régiment de troupes reglées, & l'autre dans un Bataillon de Milice ; ils seront au bout de six mois deux hommes tout différens. Pour-quoi cela ? C'est qu'ils auront pris l'un & l'autre, l'esprit & la façon de penser de leur corps. Un homme de mon Régiment, dira le premier, doit en avoir les sentimens & la valeur ; soyons donc brave & courageux, si-

non par tempérament, du moins par
état, & pour nous rendre digne du
Corps dont nous avons l'honneur d'ê-
tre membre. Pour moi, dira le second, je ne crois pas que ma qualité
de Milicien exige des sentimens si
élevés ; le Corps dont je suis me dispense de tant de bravoure, & pour
être un bon Milicien, il n'est pas nécessaire d'être un César.

C'est donc, encore un coup, c'est
la façon de penser qui rend ces deux
hommes si différens, & non pas le
climat. C'est la façon de penser &
non le climat, qui fait de l'un un
Achille, & de l'autre un Thersite.
Voyons cependant ce que dit encore
l'Auteur pour confirmer son sentiment.

» Si nous faisons attention aux der-
» nieres guerres, qui sont celles que
» nous avons le plus sous nos yeux,
» & dans lesquelles nous pouvons
» mieux voir de certains effets lé-
» gers imperceptibles de loin, nous
» sentirons bien que les peuples du
» Nord transportés dans les pays du
» Midy, n'y ont pas fait d'aussi belles

» actions, que leurs Compatriotes, qui
» combattant dans leur propre climat,
» y jouiſſoient de tout leur courage.

A cela je réponds, que ſi les Allemands, dans les guerres dont parle
ici l'Auteur, (car il s'agit de celles
pour la ſucceſſion d'Eſpagne) ſi, dis-
je, les Allemands n'ont pas eû des
ſuccès ſi éclatans à Villavicioſa, qu'ils
en avoient eû à Hocſtet, s'ils n'ont
pas fait de ſi belles actions à Alman-
za, qu'à Ramillies, ce n'eſt pas que
la chaleur d'Eſpagne ait *allongé leurs
fibres* & diminué leur courage ; ce
n'eſt pas que ce climat leur ait cauſé
une *défaillance de cœur*, & qu'ils en
ſoient devenus plus timides ; mais
c'eſt par la raiſon toute ſimple, qu'on
ne fait jamais la guerre avec tant de
ſuccès dans une région éloignée, que
ſur ſes frontieres ; chez une nation
étrangere, que dans ſon propre pays,
quand même le climat ſeroit égal.
Tout s'oppoſe aux entrepriſes d'une
armée ennemie dans un pays éloigné
du ſien ; elle n'en connoît ni la lan-
gue, ni le caractere, ni la ſituation,
ni les chemins ; & par-là elle eſt ex-

posée à de plus grandes fautes. S'il
lui arrive un malheur, il lui est très-
difficile de le réparer; si elle perd
du monde, il lui est impossible de
le remplacer; les avantages mêmes
qu'elle peut avoir, il est rare qu'elle
puisse les conserver long-tems, & le
moindre échec est presque toujours
suivi d'une infinité de disgraces. D'ailleurs elle trouve autant d'ennemis à
combattre qu'il y a d'habitans; &
chaque ennemi devient lui-même un
guerrier redoutable, toujours prêt à
tout entreprendre pour défendre ses
biens, sa femme, ses enfans & sa
vie. Voilà les véritables causes aux-
quelles on doit attribuer le peu de
succès qu'ont eu les Impériaux dans
la derniere guerre qu'ils ont faite en
Espagne; & non pas au prétendu *al-
longement des fibres*, à la *défaillance de
cœur*, au climat. Les peuples du Nord
transportés dans les pays du Midy,
les peuples du Midy transportés dans
les pays du Nord, les peuples mêmes d'un climat tempéré transportés
dans un climat pareil au leur, mais
éloigné, n'y feront jamais des actions

plus glorieufes que les Allemands en
Efpagne, pour les raifons que je viens
de dire. Eh quoi? le climat du Da-
nube & de la Moldaw n'eft-il pas
à peu près femblable à celui de la
Meufe & de l'Efcaut? Cependant
quelle différence entre nos dernieres
Campagnes en Bohême & en Ba-
viere, & celles qui les ont fuivies
en Flandres quelques années après?
Si les François n'ont pas fait la guerre
avec autant de fuccès en Allemagne
que dans les Pays-Bas, on ne dira pas
certainement que la chaleur leur ait
allongé les fibres & diminué le courage, puifque tout le monde fçait
qu'ils ont été obligés plufieurs fois
de coucher dans la neige, & qu'ils
y ont fouffert le froid le plus rigoureux; mais c'eft qu'ils avoient à combattre dans des pays éloignés, au lieu
qu'en Flandres ils faifoient la guerre
fur leurs propres frontieres. D'ailleurs
ils y avoient à leur tête un Roi victo-
rieux, l'amour de fon peuple, les délices de fon armée, le pere de fes
foldats, qui les menoit lui-même à la
gloire au travers de mille périls. Voilà,

le véritable climat qui donne la
bravoure, & fait paſſer juſques dans
l'ame des plus timides cette force, cette
chaleur martiale qui font les héros.
Il anime, il échauffe, il embraſe le
cœur des troupes par ſa préſence. Le
froid le plus rigoureux, les chaleurs
exceſſives, le dérangement des Sai-
ſons, rien de tout cela n'eſt capable
de rallentir l'ardeur, ni de diminuer
le courage qu'il leur inſpire. Encore
une fois, s'il y a dans le monde un
climat qui rende les hommes courageux, ce ne peut être que celui où
régne un Prince de ce caractere,
l'exemple des bons Rois & le modéle
des Héros.

Cependant l'Auteur toujours fer-
me dans ſon opinion, ne paroît pas
fort diſpoſé à en rien rabattre. Il en-
chérit au contraire ſur tout ce qu'il
a déja dit ; & il prétend que la différence du courage cauſée par celle du
climat » ſe remarque non ſeulement
„ de Nation à Nation ; mais encore,
„ dans le même pays, d'une partie à
„ une autre : que les peuples du Nord
„ de la Chine, par exemple, ſont

,, plus courageux que ceux du Midy :
,, que les peuples du Midy de la Co-
,, rée ne le font pas tant que ceux du
,, Nord. » Il ne dit pas que la même
chofe arrive en France ; mais il le fait
affez entendre, & l'on peut aifément
le conclure de fes principes. Voilà
donc les Provençaux, les Languedo-
ciens, les Gafcons déclarés moins
braves que les Bretons, les Normands
& les Picards. Quelle injure, furtout
pour les Habitans de la Garonne, elle
qui s'étoit toujours vantée de n'avoir
vû naître que des Céfars fur fes bords !
Quel coup plus terrible l'Auteur de
cet Ouvrage pouvoit-il porter à fa Patrie ? Eh ! quoi, étoit-ce donc par un
de fes enfans les plus chéris, que cette
Province intrépide devoit fe voir en-
lever une partie de fa gloire ? Ne l'a-
voit-elle comblé de toutes les richeffes de l'efprit, que pour qu'il en fît
contre elle-même un ufage fi cruel ?
Que les Provinces Méridionales de
la France nous vantent actuellement
la beauté de leur ciel, l'excellence
de leurs fruits, la vivacité de leurs
Habitans ; nous avons fur elles la

supériorité de la bravoure & du courage, fruits du climat mille fois plus excellens, que les figues, les raisins, les olives du Languedoc & de la Provence.

L'Auteur *de l'Esprit des Loix* pour donner toujours plus de force à son raisonnement, & à son sentiment plus de vraisemblance, se fait une objection très-forte à lui-même, & il y répond on verra comment. Après avoir dit que dans les pays chauds de l'Asie les peuples sont sans courage, il ajoute : ,, mais comment accorder cela avec ,, leurs actions atroces, leurs coutu- ,, mes, leurs pénitences barbares ? ,, Les hommes s'y soumettent à des ,, maux les plus incroyables : les fem- ,, mes s'y brûlent elles-mêmes. Voilà ,, bien de la force pour tant de foi- ,, blesse. » Voici de quelle maniere on répond à cette objection.

,, La nature qui a donné à ces peu- ,, ples une foiblesse qui les rend ti- ,, mides, leur a donné aussi une ,, imagination si vive, que tout les ,, frappe à l'excès. Cette même déli- ,, catesse d'organes qui leur fait crain-

,, dre la mort, fert auffi à leur faire
,, redouter mille chofes plus que la
,, mort. C'eft la même fenfibilité qui
,, leur fait fuir tous les périls, & les
,, leur fait tous braver.

J'ai, je crois, fuffifamment prouvé
un peu plus haut, que ce n'eft ni la
force du corps, ni le reffort des fibres, mais l'éducation, les préjugés,
le point d'honneur, en un mot, que
c'eft la façon de penfer qui produit
le courage. De ce principe & des dernieres paroles de l'Auteur, je tire
une conféquence auffi favorable à
ceux qui habitent les pays chauds,
qu'elle eft contraire à fon opinion. Il
convient que ces peuples ont l'imagination vive & le fentiment fort déli-
cat ; ils doivent donc faifir plus vive-
ment les maximes qu'on leur infpire ;
ils doivent en être affectés plus forte-
ment que dans les pays du Nord. Or
fuppofons que ce foit une maxime
établie parmi eux, que la plus grande
de toutes les infamies eft de craindre
la mort & de fuir devant fon ennemi ;
que la plus grande gloire au contraire,
eft de l'attaquer & de le vaincre :

fuppofons, dis-je, que ce foit-là le
préjugé général de toute une Nation, & la premiere leçon qu'on y
apprend dans l'enfance; n'eft-il pas
évident que cette façon de penfer,
dans un climat où l'imagination eft
plus vive, & la fenfibilité plus grande, y produira néceffairement auffi
plus de courage? Concluons donc,
& toujours felon les principes de
l'Auteur, quoique contre lui, que les
peuples du Midy, à raifon même de
la chaleur du climat, devroient être
plus braves, plus courageux, plus in-
trépides que ceux du Nord.

Le climat des Lacédémoniens étoit
plus chaud certainement que celui
des Hollandois; cependant on ne
peut pas difconvenir, qu'il n'y ait eu
à Sparte plus de valeur, d'intrépidité
& de bravoure, qu'il n'y en a actuellement à Amfterdam & à la Haye.
D'où vient donc cette différence? De
la façon de penfer de ces deux peuples. On regardoit la bravoure à Lacédémone, comme la premiere de
toutes les vertus; les meres l'infpi-
roient elles-mêmes à leurs enfans dès

l'âge le plus tendre ; on leur en fai-
foit des leçons publiques , & cette
qualité devoit être comme le caractere diftinctif de la Nation. Il n'en
eft pas de même de la Hollande ; c'eft
que l'éducation qu'on y reçoit eft auffi
bien différente. La premiere chofe
qu'on apprend aux jeunes gens, c'eft
le Commerce ; & l'on fçait que pour
être un bon Marchand il n'eft pas néceffaire d'avoir beaucoup de courage.
Auffi voit-on dans ce pays-là , plus de
riches Négocians que de bons Soldats.
Ce n'eft donc, je le répete, ce n'eft ni le
froid , ni le reffort des fibres, ni la
force du corps, ni le climat ; mais
c'eft l'éducation, les préjugés, le point
d'honneur , en un mot, c'eft la façon
de penfer qui produit le courage.
Avançons , & voyons auffi de quelle
maniere l'Auteur prétend que le climat
rend les hommes fourbes & trompeurs.

Les Chinois , dit - il , font le peuple le plus fourbe de la terre ; &
voici la raifon qu'il en apporte. » Par
» la nature du climat & du terrein ,
» ce peuple a une vie précaire ; on n'y
» eft affuré de fa vie qu'à force d'in-

» dustrie & de travail : c'est donc ,
» conclut l'Auteur , c'est la nécessité
» & peut-être la nature du climat qui
» ont donné à tous les Chinois une
» avidité inconcevable pour le gain ;
» les Loix n'ont pas songé à l'arrêter.
» Tout a été permis , quand il s'est
» agi d'acquérir par artifice ou par
» industrie. Ne comparons donc pas
» la morale des Chinois avec celle
» d'Europe. Chacun à la Chine a dû
» être attentif à ce qui lui étoit utile :
» si le fripon a veillé à ses intérês ,
» celui qui est dupe devoit penser aux
» siens. A Lacédémone il étoit permis
» de voler : à la Chine il est permis
» de tromper.

  Que la mauvaise foi soit permise à la
Chine , & cela uniquement à cause de
la nature du climat, c'est ce que personne n'avoit encore imaginé : mais sans
insister davantage sur la singularité de
cette idée , je me contenterai de rapporter ici ce que dit M. de M. ... lui-
même dans sa *défense de l'Esprit des
Loix* , à l'Auteur d'une certaine Ga-
zette qui trouvoit mauvais qu'il n'eût
point parlé de la Grace. » C'est une

» chofe trifte , dit-il , d'avoir à faire
» à un homme qui n'a qu'une idée do-
» minante. C'eft le Conte de ce Curé
» de Village à qui des Aftronomes
» montroient la Lune dans un Télef-
» cope , & qui n'y voyoit que fon clo-
» cher. » L'Auteur de l'Efprit des Loix
n'apperçoit non plus partout lui-même
que le climat ; c'eft fon clocher.

Si tout ce que j'ai dit ne fuffit pas
pour en convaincre , qu'on life feulement encore ce qui fuit : c'eft-là qu'on
verra fa doctrine expofée dans tout
fon jour.

» Dans les pays froids , dit-il , on
» aura peu de fenfibilité pour les plai-
» firs : elle fera plus grande dans les
» pays tempérés : dans les pays chauds
» elle fera extréme. Comme on dif-
» tingue les climats par les degrés de
» Latitude , on pourroit les diftinguer,
» pour ainfi dire , par les degrés de
» fenfibilité.

» Il en fera de même de la dou-
» leur : les fibres groffieres des peu-
» ples du Nord font moins capables
» de dérangement, que les fibres dé-
» licates des peuples des pays chauds ;

» l'ame y eſt donc moins ſenſible à la
» douleur. Il faut écorcher un Moſ-
» covite pour lui donner du ſenti-
» ment.

» Dans les climats du Nord à peine
» le phyſique de l'amour a - t - il la
» force de ſe rendre bien ſenſible.
» Dans les climats tempérés l'amour
» accompagné de mille acceſſoires , ſe
» rend agréable par des choſes qui
» d'abord ſemblent être lui-même ,
» & ne ſont pas encore lui. Dans les
» climats plus chauds on aime l'a-
» mour pour lui-même ; il eſt la cauſe
» unique du bonheur ; il eſt la vie.

» Vous trouverez dans les climats
» du Nord des peuples qui ont peu
» de vices , aſſez de vertus , beau-
» coup de ſincérité & de franchiſe.
» Approchez des pays du Midy, vous
» croirez vous éloigner de la morale
» même ; des paſſions plus vives mul-
» tiplieront les crimes ; chacun cher-
» chera à prendre ſur les autres tous
» les avantages qui peuvent favoriſer
» ces mêmes paſſions. Dans les pays
» tempérés vous verrez des peuples
» inconſtans dans leurs maniéres, dans

,, leurs vices mêmes & dans leurs ver-
,, tus. Le climat n'y a pas une qualité
,, affez déterminée pour les fixer eux-
,, mêmes.

,, La chaleur du climat peut être fi
,, exceffive, que le corps y fera ab-
,, folument fans force : pour lors l'ab-
,, batement paffera à l'efprit même.
,, Aucune curiofité, aucune noble en-
,, treprife, aucun fentiment géné-
,, reux. Les inclinations y feront tou-
,, tes paffives ; la pareffe y fera le bon-
,, heur ; la plûpart des châtimens y
,, feront moins difficiles à foutenir,
,, que l'action de l'ame ; & la fervi-
,, tude moins fupportable que la for-
,, ce d'efprit qui eft néceffaire pour fe
,, conduire foi-même.

,, L'ivrognerie fe trouve établie
,, par toute la terre, dans les pro-
,, portions de la froideur & de l'hu-
,, midité du climat. Paffez de l'Equa-
,, teur jufqu'à notre Pôle, vous y ver-
,, rez l'ivrognerie augmenter avec les
,, dégrés de latitude. Paffez du même
,, Equateur au Pôle oppofé, vous y
,, trouverez l'ivrognerie aller vers le
,, Midy, comme de ce côté-ci elle
,, avoit été vers le Nord.

„ Dans les pays froids l'usage pref-
„ que nécessaire des boissons fortes,
„ établit l'intempérance parmi les
„ hommes. Les femmes qui ont à cet
„ égard une retenue naturelle, parce
„ qu'elles ont toujours à se défendre,
,, ont encore l'avantage de la raison
„ sur eux.

N'ai-je donc pas eu raison de dire
que l'Auteur de cet Ouvrage ne voit
partout que le climat ? il le voit dans
l'ivrognerie & dans la sobriété ; dans
l'émulation & dans la paresse ; dans
la douleur & dans le plaisir. Il le
voit dans l'amour & dans l'indifféren-
ce ; dans la fourberie & dans la bonne foi ; dans le mépris & dans la
crainte de la mort. Il le voit dans la
lâcheté & dans le courage ; dans l'é-
conomie & dans le luxe ; dans l'incontinence & dans la pudeur. Partout
c'est le climat qui décide, qui gouverne ; *&* *le premier de tous les Empires,*
c'est, dit-il , *l'empire du climat.*

Je conviens avec l'Auteur que le
climat & les autres causes Physiques
produisent un nombre infini d'effets ;
& que, comme il le dit dans sa *défen-*

ſe, il faudroit être *ſtupide* pour dire le contraire. Mais je ne conviens pas également, de ce qu'il ajoute un peu plus bas, que » toute la queſtion ſe » réduit à ſçavoir, ſi dans des pays » éloignés entre eux, ſi ſous des cli- » mats différens, il y a des caractères » d'eſprit nationnaux ; s'il y a de cer- » taines qualités du cœur plus fré- » quentes dans un pays que dans un » autre ». Ce n'eſt point là du tout l'état de la queſtion ; l'état de la queſ- tion eſt de ſçavoir, ſi ces différens caractères d'eſprit qu'on remarque dans les divers pays, ſi ces qualités du cœur plus fréquentes dans un cli- mat que dans un autre, ſi, dis-je, tout cela eſt véritablement l'effet du climat. Vóilà uniquement à quoi la queſtion ſe réduit. Or je prétens moi, que le climat n'entre pour rien dans la plûpart des effets que l'Auteur lui attribue. C'eſt à la vérité le climat qui fait qu'on ſe nourrit de Bled en Eu- rope, & de Ris à la Chine ; que l'on boit du Vin en France, & de la Bierre en Angleterre ; qu'en Eſpagne on eſt vétu de l'aine, & de coton dans les

Indes. Mais que ce ſoit le climat qui
régle les mœurs ; qu'il y ait *de tels*
climats où le Phyſique a une telle force
que la Morale n'y puiſſe preſque rien ;
c'eſt ce qu'on n'a point aſſez prouvé.
Le climat eſt toujours le même , il
doit donc agir auſſi toujours d'une
maniere uniforme. Ce qu'il faiſoit
autrefois , il doit le faire encore aujourd'hui , & s'il ne le fait pas, on
peut aſſurer qu'il ne l'a jamais fait ni
pû faire. Par exemple, l'Auteur prétend que c'eſt le climat qui produit
le courage , & moi je ſoutiens que
c'eſt la façon de penſer ; pour ſçavoir
lequel des deux a raiſon, il n'y a
qu'à conſidérer ce qu'étoient les Romains du tems de la République &
ce qu'ils ſont aujourd'hui par rapport
à la bravoure. Je ne ferai point de
parallele , on ſent qu'il ſeroit trop à
l'avantage des anciens. Je dirai ſeulement avec un de nos Poëtes :

Ce Pays - là n'eſt plus cette antique
Italie
Des dépouilles du monde autrefois anno-
blie ,

Qui fit craindre en tout lieu fes armes &
    fes Loix,

Triompha vaillammant de nos premiers
    Gaulois ;

Qui dans Rome tonnant du haut du Capi-
    tole,

Etonnoit tous les Rois d'une feule parole.

On ne voit plus fes Chefs par la gloire
    animés,

S'armer pour le fecours des Peuples oppri-
    més ;

Et fiers perfécuteurs des Tyrans & des crimes

Remettre en leurs Etats les Princes légi-
    times.

Si les Romains ne font plus aujourd'hui ce qu'on voit qu'ils étoient
alors, d'où peut venir cette différence ?
du climat ? mais Rome n'a pas changé
de place, elle eft toujours fous le même
Ciel ; pourquoi donc les foldats du
Pape ne font-ils pas encore aujour-
d'hui, ce qu'étoient autrefois ceux de
Pompée, de Scipion & de Paul-Emil-
le ? Il en faut revenir à la raifon que
j'ai apportée d'abord; c'eft que les Ro-

mains ne penſent plus à préſent comme du tems de ces Grands hommes.
Rome met aujourd'hui toute ſa gloire à former de bons Prêtres & de
ſaints Religieux, & elle laiſſe à d'autres le ſoin d'avoir de bonnes troupes. Contente des honneurs du Sanc-
tuaire, elle en préfere les fonctions
pacifiques aux exercices ſanguinaires
des enfans de Mars. Semblable à
la montagne de Raphidim de nou-
veaux Moyſes y lévent les mains
vers le Ciel, tandis que les Joſués
combattent vaillamment dans la
plaine. Tant que les Romains ont
été flattés de l'éclat des héros, Rome
elle-même a été l'école de la valeur &
de l'héroïſme; mais depuis qu'ils ne
ſont plus touchés que de la gloire des
Saints, l'honneur de la ſainteté eſt auſſi
le ſeul avantage auquel ils aſpirent. On
dira peut-être encore que c'eſt le climat qui donne ce goût, cette ardeur
pour la ſainteté; mais que l'on ſe
rappelle les ſiécles de Domitien, de
Néron & de Caligula, on verra que
le climat toujours conſtant dans ſa
façon d'agir, ne produiſoit alors rien
de pareil.

Qu'on remonte jufqu'aux tems les plus reculés ; qu'on fe tranfporte dans tous les différens pays ; qu'on life les Hiftoires de tous les Peuples ; & je fuis perfuadé que dans le même climat on trouvera à peine deux fiécles de fuite qui fe reffemblent. Au tems de Lyfander & d'Alcibiade, Sparte & Athenes ne fe fouvenoient prefque plus des Loix de Solon & de Licurgue. Sous Darius & fous Alexandre, les Perfes, pour ainfi dire, n'étoient déja plus le même Peuple. Quelle différence entre les Romains fous le Confulat de Pompée & fous le régne de Tibere ? entre les Mofcovites d'aujourd'hui & ceux du dernier fiécle ? Les Loix, les Mœurs, les Coutumes, le Gouvernement, la Religion, la Morale, les inclinations, les vices, les vertus n'ont jamais eu de forme conftante dans aucun pays du monde ; & pour peu qu'on faffe de recherches dans l'antiquité, on trouvera peut-être, fans être obligé de remon er trop haut, que les Anglois ont été dévots autrefois, les Efpagnols actifs & laborieux, les Portugais incrédules. On trouvera qu'il y a eu de la bonne foi chez les Italiens , de la diſcrétion parmi les François , & chez les Allemands de la ſobriété & de la tempérance. Si tous ces Peuples ſont différens aujourd'hui de ce qu'ils étoient dans ces tems-là, ce changement doit - il s'attribuer au climat, qui a toujours été le même ? Un homme ſeul peut bien changer les mœurs, les uſages , les coutumes de pluſieurs Peuples ; mais tous les climats enſemble ne changeront pas le caractere d'un ſeul homme. Nous voyons tous les jours des gens qui ont voyagé dans toutes les parties du monde & qui y ont même vécu aſſez long-tems ; mais ils en ſont revenus tout comme ils y étoient allés ; & les climats différens qu'ils ont parcourrus , n'ont pas produit en eux le moindre changement.

Il eſt donc aiſé de voir à préſent par tout ce que j'ai dit , quel fond on doit faire ſur un ouvrage qui fait dépendre du Gouvernement & du climat les choſes du monde qui y ont le moins de rapport , la Religion & la Morale. Je conviens qu'il n'en eſt pas de même de la Politique & de la Jurisprudence ; elles tiennent l'une & l'autre par tant d'endroits au climat & au gouvernement, que je ferai du fentiment de l'Auteur, fur prefque tous les points qui vont faire le fujets des feuilles fuivantes. Je finirai celle-ci par une penfée fur le Monachifme, que l'on fait encore dépandre ici, comme tout le refte, de la nature du climat. Il en eft des Moines, dans ce fentiment, à peu près comme du Ris, qui croît plus volontiers dans les pays chauds que dans les pays froids; mais il s'en faut bien que l'Auteur reconnoiffe la même utilité dans l'une & dans l'autre de ces deux graines.

» Le Monachifme, dit-il, eft né » dans les pays chauds d'Orient, où » l'on eft moins porté à l'action qu'à » la fpéculation. En Afie, le nombre » de Dervichs ou Moines, femble » augmenter avec la chaleur du climat; les Indes, où elle eft exceffive en font remplies; on trouve » en Europe cette même différence. » Pour vaincre la pareffe du climat, » il faudroit que les Loix cherchaffent

» à ôter tous les moyens de vivre sans
» travail ; mais dans le Midy de l'Eu-
» rope elles font tout le contraire ;
» elles donnent à ceux qui veulent être
» oififs, des places propres à la vie
» fpéculative, & y attachent des ri-
» cheffes immenfes. Ces gens qui vi-
» vent dans une abondance qui leur
» eft à charge, donnent avec raifon
» leur fuperflu au bas peuple : il a
» perdu la propriété des biens, ils
» l'en dédommagent par l'oifiveté dont
» ils le font jouir, & il parvient à
» aimer fa mifere même. Auffi, ajoute
» l'Auteur dans un autre endroit,
» Henri V I I I. voulant réformer l'E-
» glife en Angleterre, détruifit les
» Moines, nation pareffeufe elle-
» même, & qui entretenoit la pareffe
» des autres.

Je pourrois fort bien objecter ici
que les Moines d'Allemagne & des
pays Catholiques du Nord font plus
riches que ceux d'Efpagne & d'Italie ; mais ce n'eft point à moi à réfuter
les idées de l'Auteur fur le Monachifme ; il y a en France plus de trois cens
mille perfonnes, que ce foin regarde
plus particulierement.

ARTICLE X.

SUITE DE L'EXTRAIT DE L'ESPRIT DES LOIX.

VOICI l'endroit brillant de cet ouvrage ; la politique. L'Auteur traite
cette partie avec toute l'intelligence
d'un homme d'état, & avec aussi peu
d'ordre que les deux autres. Tout est
ici dans une confusion extrême ; &
jamais on n'a vû à la fois autant de
génie & si peu de méthode. Tachons
pourtant, si nous pouvons, de dé-
brouiller ce cahos : tirons-en des as-
tres, des soleils, des élémens, re-
glons leur cours, fixons leurs limites, & continuons, comme nous
avons fait jusqu'à présent, à mettre
toujours chaque chose à sa place. C'est
rendre un grand service à quantité de
gens, qui parlent beaucoup de ce Livre & ne le connoissent pas ; qui tous
veulent l'avoir & ne le lisent pas ; ou
qui le lisent peut-être, mais qui ne
l'entendent pas. Reprenons donc le
fil du labirinthe, & poursuivons la

Tome III.   L

route que nous nous sommes tracée.

Le climat & le gouvernement, voilà les deux objets qu'il ne faut jamais perdre de vue dans la lecture de cet ouvrage ; & voici en particulier ce que nous devons examiner actuellement : quelle est dans le sentiment de l'Auteur, la politique propre de chaque gouvernement ; quel est le gouvernement qui convient mieux à chaque climat.

Ce sont là comme les deux parties de cet article, dans lesquelles je tacherai, quoi qu'en suivant le plan de l'Auteur, d'éviter la confusion qui regne dans son ouvrage. Comme lui, je parlerai de la nature & des principes des differens gouvernemens, de leur conservation & de leur ruine, de leur liberté & de leurs conquêtes ; mais en même-tems j'éloignerai avec soin tout ce qui n'aura point assez de rapport avec ces differens objets.

L'Auteur distingue comme tout le monde, trois sortes de gouvernemens, le republicain, le monarchique & le despotique. Le gouvernement republicain est celui où le peu-

ple en corps , ou feulement une partie du peuple a la fouveraine puiffance ; voici quelle eft la politique
qui convient d'avantage à cette ef-
pece de gouvernement.

Il eft queftion d'abord des citoyens
qui doivent former les affemblées. La
bonne politique veut que le nombre
en foit déterminé. Dans un état où
rien ne fe fait que par l'autorité du
peuple, il faut fçavoir fi le peuple a
parlé ou non ; & comment le fçaura-
t-on , fi on ne fixe le nombre de ceux
qui doivent donner leur fuffrage ?
» A Rome née dans la petiteffe pour
» aller à la grandeur , à Rome faite
» pour éprouver toutes les viciffitu-
» des de la fortune , à Rome qui
» avoit tantôt prefque tous fes ci-
» toyens hors de fes murailles , tan-
» tôt toute l'Italie & une partie de la
» terre dans fes murailles , on n'avoit
» point fixé ce nombre ; & ce fut une
» des grandes caufes de fa ruine.

Il s'agit en fecond lieu de l'élec-
tion des Magiftrats , & de ceux qui
doivent commander les armées de la
république ; car l'Auteur ne veut pas

que ce foit le peuple qui gouverne
par lui-même, mais feulement par fes
Miniftres. » Le peuple a toujours trop
» d'action ou trop peu : quelquefois
» avec cent mille bras il renverfe tout;
» quelquefois avec cent mille pieds il
» ne va que comme les infectes. Mais
ce même peuple eft admirable pour
choifir ceux à qui il doit confier quelque partie de fon autorité. » Il n'a à
» fe déterminer que par des chofes
» qu'il ne peut ignorer, & des faits
» qui tombent fous les fens. Il fçait
» très-bien qu'un homme a été fou-
» vent à la guerre, qu'il y a eu tels
» ou tels fuccès ; il eft donc très-capa-
» ble d'élire un général. Il fçait qu'un
» Juge eft affidu, que beaucoup de
» gens fe retirent de fon tribunal con-
» tens de lui, qu'on ne l'a pas con-
» vaincu de corruption ; en voilà af-
» fez pour qu'il élife un préteur. Tou-
« tes ces chofes font des faits dont il
» s'inftruit mieux dans la place pu-
» blique, qu'un Monarque dans fon
» Palais.

　　La politique demande auffi qu'une
République n'ait qu'un petit terri-

toire , pour éviter les fortunes immo-
derées , & les trop grandes richeffes
dans un particulier. Un homme qui
poffede de grands biens , fent d'abord
qu'il peut être heureux fans le fecours de fa patrie,& bientôt qu'il peut
être feul grand fur les ruines de fa
patrie.

La politique veut donc encore
par conféquent, que les terres de la
République foient partagées également entre tous les citoyens ; &
pour entretenir cette égalité , il faut
régler les dots des femmes , les do-
nations , les fucceffions , les Tefta-
mens ; il faut que tous les enfans reçoivent une égale part dans la fuccef-
fion de leur pere ; & fi cette égalité
vient à fe perdre , il faut que des loix
particulieres impofent aux riches de
nouvelles charges ; qu'elles accordent
aux pauvres du foulagement , &
qu'elles égalifent, pour ainfi dire ,
l'inégalité des citoyens.

L'Auteur parle auffi de la divifion
du peuple en plufieurs claffes , de la
maniere de donner fon fuffrage dans
les élections, des moyens de prévenir

les brigues, & des abus qui réfultent de la trop grande authorité confiée à un citoyen. Il diftingue enfuite les differentes fortes de Républiques, il remarque le caractere de chacune en particulier, & il fait voir les avantages & les inconvéniens des unes & des autres. Voilà ce qui concerne la nature du gouvernement populaire.

Le monarchique eft celui où un feul gouverne, mais par des loix fixes & établies. La politique demande qu'il y ait dans ce gouvernement des rangs intermédiaires entre le peuple & le Monarque, c'eft-à-dire, des Seigneurs, de la Nobleffe, un Clergé, fans quoi on aura bientôt un état populaire, ou bien un état defpotique. » Autant le pouvoir du Clergé eft » dangereux dans une République; » autant eft-il convenable dans une » Monarchie ; furtout dans celles qui » vont au defpotifme. Où en feroient » l'Efpagne & le Portugal depuis la » perte de leurs Loix, fans ce pou- » voir qui arrête feul la puiffance ar- » bitraire ? Barriere toujours bonne » lorfqu'il n'y en a point d'autres. Car

» comme le defpotifme caufe à la na-
» ture humaine des maux effroyables ;
» le mal même qui le limite eft un
» bien.

Mais il ne fuffit pas qu'il y ait dans
une Monarchie des pouvoirs intermédiaires ; il faut encore un dépot de
Loix. Ce dépot ne peut être ni dans le
confeil du Prince, ni dans la Nobleffe.
» Le confeil du Prince, dit l'Auteur,
» change fans ceffe ; il n'eft point per-
» manent ; il ne fçauroit être nom-
» breux ; il n'a point à un affez haut
» degré la confiance du peuple ; il
» n'eft donc pas en état de l'éclairer
» dans les tems difficiles, ni de le ra-
» mener à l'obéiffance.

» L'ignorance naturelle de la No-
» bleffe, fon inattention, fon mépris
» pour le gouvernement civil exigent
» qu'il y ait un corps qui faffe fans
» ceffe fortir les loix de la pouffiere
» où elles feroient enfevelies.

Comme les chofes s'executent avec
beaucoup de promptitude dans les
Monarchies, & que cette promptitude pourroit dégénerer en rapidité,
il faut, dit l'Auteur, que ceux qui

L iv

ont le dépôt des loix , apportent
» dans les affaires du Prince cette re-
» flexion, qu'on ne peut guere atten-
» dre du défaut de lumieres de la
» Cour fur les Loix de l'Etat , ni de
» la précipitation de fes confeils.

Il faut encore qu'un Etat Monarchique ne foit ni trop grand ni
trop petit. Trop grand , il affoibliroit l'autorité du Prince , ou il dégé-
nereroit en defpotifme. Trop petit ,
le Prince y feroit aifément opprimé
par une force étrangere , ou même
par une force domeftique : le peuple
pourroit à chaque inftant fe réunir
contre lui , & faire de fon Etat une
République.

Le gouvernement defpotique eft
celui où un feul , fans loi & fans regle , entraine tout par fa volonté.
Dans ce gouvernement la politique
veut que le pouvoir du Prince paffe
tout entier entre les mains de ceux à
qui il le confie ; que le Vifir foit le
defpote, que chaque Gouverneur foit
le Vifir , & que les Officiers particuliers ayent chacun dans leur diftrict
la même autorité que les Gouver-

neurs. Quiconque répond des autres
sur sa vie, doit avoir droit sur la vie
des autres.

La nature de ce gouvernement demande dans les sujets une obéissance
extrême. La volonté du Prince est la
loi ; & la loi une fois connue, il n'y a
ni remontrances, ni accommode-
ment, ni modifications à opposer.
L'homme est une créature qui se soumet à une créature qui veut. Il ne faut
donc pas qu'il raisonne, qu'il s'ex-
cuse, qu'il délibere ou qu'il refuse,
sans quoi ce gouvernement périroit.

Comme il n'y a aucune loi fonda-
mentale dans les états despotiques,
qui regle l'ordre de la succession à
l'Empire, & que tous les Princes de
la famille Royale ont une égale ca-
pacité pour être élû, la politique de
celui qui monte sur le thrône exige
qu'il se défasse de tous ses freres par
le fer, la corde, ou le poison ; sans
quoi chaque vacance de thrône seroit
suivie d'une affreuse guerre civile ;
les freres du Monarque étant en même-tems ses esclaves & ses rivaux.

Dans un Etat où le Prince est le
L v

maître des biens de ses sujets, & où
les confiscations sont fréquentes, on
doit plus penser à jouir du présent,
qu'à amasser pour l'avenir. Delà vient
qu'on y voit beaucoup d'usure, & peu
de commerce.

C'est une très-mauvaise politique
dans le despote, de se déclarer pro-
priétaire de tous les fonds de terre,
& l'héritier de tous ses sujets. On ne
répare rien alors, on n'améliore rien.
On ne plante point d'arbres, on ne
bâtit que pour la vie. On tire tout
de la terre, on ne lui rend rien ; &
l'on ne croit avoir en propre que l'or
-ou l'argent qu'on peut cacher.

Voilà, à peu de chose près, à quoi
se réduit tout ce que dit l'Auteur de
l'Esprit des Loix, en divers endroits
de son Livre, sur la nature des differens gouvernemens. On trouve les
mêmes choses dans presque tous les
Auteurs qui ont écrit sur la politique ; mais ce qu'on n'y trouve pas
également, c'est cette force d'expres-
sions, cette noblesse de pensées, cette
abondance de lumieres, cette profondeur de réflexions qu'on n'avoit

point vû encore , & qu'on ne verra
peut-être jamais dans aucun de nos
écrivains. Ce font ces images grandes , nobles , fublimes , qui naiffent
à chaque inftant fous la main de l'Auteur , excitent l'étonnement des lecteurs , & font de toutes les pages de
ce livre comme autant de magnifiques tableaux de chaque chofe qu'on
y repréfente. Voilà ce qui fera toujours de *l'Efprit des Loix* un ouvrage
unique , & dans lequel il n'y aura jamais autant à reprendre qu'à admirer.
Un ouvrage dont tout le monde fera
capable de fentir les beautés , & dont
très-peu de perfonnes feront en état
de remarquer les défauts. Un ouvrage que ceux qui le liront le plus ,
gouteront le moins , & que ceux qui
l'entendront le moins , loueront le
plus. Un ouvrage dont on retiendra
quelques maximes , mais qu'on n'ap-
profondira point ; dont on recom-
mencera fouvent la lecture , mais
qu'on n'achevera prefque jamais de
lire entierement. Les gens d'efprit en
le critiquant l'admireront , & les
fots l'admireront pour paroître avoir

de l'esprit ; & ce sera le grand
nombre. Il y a donc dans cet ouvrage des morceaux admirables ;
personnes ne l'a dit plus haut , ni ne
l'a répété plus souvent que moi ; mais
enfin , comme je l'ai dit aussi , ce ne
font que des morceaux. L'or est à la
superficie , la terre est dans le centre ;
mais laissons cette terre , prenons de
l'or. En voici que j'ai ramassé de côté
& d'autre pour en faire une statue à
la gloire de l'Auteur. Je ne le présente qu'en lingots ; ses partisans le
mettront en œuvre.

» Les hommes sont tous égaux
» dans le gouvernement républicain ;
» ils sont égaux dans le gouverne-
» ment despotique. Dans le premier ,
» c'est parce qu'ils sont tout ; dans le
» second, c'est parce qu'ils ne font rien.

» La tyrannie est toujours lente &
» foible dans ses commencemens ,
» comme elle est prompte & vive
» dans sa fin. Elle ne montre d'abord
» qu'une main pour secourir , & op-
» prime ensuite avec une infinité de
» bras.

» C'est un des avantages des char-

» mes de la jeunesse dans les femmes,
» que dans un âge avancé, un mari se
» porte à la bienveillance, par le sou-
» venir de ses plaisirs.

» L'empire de la mer a toujours
» donné aux peuples qui l'ont posse-
» dé, une fierté naturelle ; parce que
» se sentant capables d'insulter par-
» tout, ils croyent que leur pouvoir
» n'a pas plus de bornes que l'océan.

» La société nous apprend à sentir
» les ridicules , la retraite nous rend
» plus propres à sentir les vices.

» La politesse flate les vices des au-
» tres ; & la civilité nous empêche de
» mettre les notres au jour : c'est une
» barriere que les hommes mettent
» entr'eux , pour s'empêcher de se
» corrompre.

» Toute nation paresseuse est gra-
» ve ; car ceux qui ne travaillent pas
» se regardent comme souverains de
» ceux qui travaillent.

» La paresse est l'effet de l'orgueil ;
» le travail est une suite de la vanité ;
» l'orgueil d'un Espagnol le portera à
» ne pas travailler ; la vanité d'un
» François le portera à sçavoir travail-
» ler mieux que les autres.

» Les révolutions que forment la
» liberté, ne font qu'une confirma-
» tion de la liberté. Une nation libre
» peut avoir un liberateur ; une na-
» tion fubjuguée ne peut avoir qu'un
» autre oppreffeur. Car tout homme
» qui a affez de force pour chaffer ce-
» lui qui eft déja le maître abfolu
» dans un état, en a affez pour le de-
» venir lui-même.

» Il ne faudroit pas que la Reli-
» gion encourageat les dépenfes des
» funerailles ; qu'y a-t-il de plus na-
» turel, que d'ôter la difference des
» fortunes dans une chofe & dans les
» momens qui égalifent toutes les
» fortunes.

» Les Sérails font des lieux où l'ar-
» tifice, la méchanceté, la rufe re-
» gnent dans le filence, & fe couvrent
» d'une épaiffe nuit ; où un vieux
» Prince devenu tous les jours plus
» imbécille, eft le premier prifonnier
» du Palais.

» Les hommes extrêmement heu-
» reux & extrêmement malheureux
» font également portés à la dureté ;
» témoins les Moines & les Conqué-

» rans. Il n'y a que le mêlange de la
» bonne & de la mauvaise fortune,
» qui donne de la douceur & de la
» pitié.

» Il eſt ſingulier que parmi nous,
» trois crimes, la magie, l'héréſie &
» le crime contre nature, dont on
» pourroit prouver du premier, qu'il
» n'exiſte pas ; du ſecond qu'il eſt ſuſ-
» ceptible d'une infinité de diſtinc-
» tions, interprétations, limitations ;
» du troiſiéme, qu'il eſt très-ſouvent
» obſcur, ayent été tous trois punis
» de la peine du feu.

» Quand les Sauvages de la Loui-
» ſianne veulent avoir du fruit, ils
» coupent l'arbre au pied, & cueil-
» lent le fruit. Voilà le gouvernement
» deſpotique.

Ces dernieres paroles valent un livre ; c'eſt peut-être ce qui a engagé
l'Auteur à faire de ces quatre petites
lignes un Chapitre particulier ; il y a
des gens qui y ont trouvé à redire, &
qui ont traité cela de coquetterie ; ils
ont tort ; une ſi belle image devoit
être encadrée ſéparément.

J'avois promis de donner de l'or,

& j'ai, je crois, assez bien tenu ma promesse. Je serois le maître, sans doute, d'en donner davantage si je voulois, car je suis à la source, & ce livre est un Pérou. Mais je dois mieux ménager mes intérêts; j'ai encore bien des choses à dire; & comment faire recevoir au lecteur le fer que je lui donne, si je l'accoutume trop à l'or d'autrui ? de tems en tems seulement pour le défennuyer je ferai parler l'Auteur; je sens que c'est le moyen d'être mieux venu. Continuons, & de la nature des trois gouvernemens, passons à leurs principes.

La vertu, l'honneur & la crainte, voilà les trois grands ressorts qui font mouvoir les Etats, voilà ce qui leur donne l'ame, le mouvement & la vie. La vertu anime les Républiques, l'honneur fait agir les Monarchies, & la crainte est le principe des Etats despotiques.

Que l'Auteur ait raison ou non, dans la distribution qu'il fait de ces trois principes, c'est ce qu'il n'est plus question d'examiner présentement. J'ai dit ailleurs tout ce que j'avois à

dire là-deſſus, je ne ferai donc que
rapporter ici quelques conféquences
que l'on en tire par rapport à la politique. Elles regardent principalement
l'éducation, la diſtribution des emplois, les récompenſes & les peines.
Tout cela doit être relatif aux principes de chaque gouvernement.

Dans le républicain l'éducation ne
doit s'appliquer qu'à rendre les citoyens vertueux, qu'à leur élever le
cœur dans les Monarchies, qu'à leur
abbaiſſer l'ame dans les états deſpo-
tiques. C'eſt le moyen d'entretenir
dans ces trois gouvernemens, la vertu, l'honneur & la crainte.

Dans le premier, les emplois & les
magiſtratures ſont des témoignages
de vertu ; on ne peut donc pas les re-
fuſer. Dans le ſecond ce ſont des
marques d'honneur ; on peut donc ne
pas les accepter. Dans le troiſiéme,
où l'on abuſe également de l'honneur
& de la vertu, on *fait indifferemment*
d'un Prince un goujat, & d'un goujat
un Prince.

Dans une République où regne la
vertu, l'Etat ne doit récompenſer que

par des témoignages de cette vertu.
La récompense d'une belle action est
le plaisir de l'avoir faite.

Dans un Monarchie , où regne
l'honneur seul , un sujet ne doit attendre de ses services que des distinctions ; mais comme les distinctions
sont jointes à un luxe qui donne nécessairement des besoins , il faut que
le Prince y récompense par des honneurs qui conduisent à la fortune.

Dans les Etats despotiques , le Prince qui récompense n'a que de l'argent
à donner ; c'est qu'on n'y connoît ni
l'honneur ni la vertu.

La plus grande peine d'une mauvaise action dans un gouvernement
républicain , est d'en être convaincu.
Dans le monarchique , la honte & la
crainte du blâme sont aussi des motifs
réprimans. Il faut dans le despotique
des peines corporelles. Un homme
vertueux est toujours assez puni par
des remords ; un homme d'honneur ,
par des humiliations ; au lieu qu'il
faut des supplices rigoureux pour une
ame servile.

Je marche à grands pas ; c'est qu'il

me-refte encore bien du chemin à
faire. Que feroit-ce fi je fuivois l'Auteur dans tous fes détours ? Chaque
fentier qui fe préfente, il s'y engage ;
peu inquiet, s'il l'éloigne de fon but.
Il eft vrai qu'il rend fa route agréable ;
par tout où il paffe, il répand des
fleurs. Si quelque fois, pour dérober
fa marche, il fe couvre d'un nuage épais, bientôt un trait éclatant de
lumiere s'échappe au travers de l'ob-
fcurité, & le découvre. Le nuage
refte cependant ; auffi voit-on dans fa
courfe beaucoup d'éclairs, & peu de
jour. A l'aide de cette lueur paffa-
gere, j'ai parlé de la nature & des
principes des trois gouvernemens ;
voyons, avec le même fecours, comment ils fe corrompent.

Ce qui perd une République, c'eft
quand elle n'a plus rien à redouter
au dehors. Carthage & Rome s'inti-
miderent l'une & l'autre, & s'affermi-
rent. Comme des eaux trop tranquilles, une République qui a trop de
fureté, eft fujette à fe corrompre.

La démocratie fe corrompt ou par
l'efprit d'inégalité qui la mene infail-

liblement à l'aristocratie ; ou par l'esprit d'une égalité extrême, qui finit toujours par le despotisme. Ce n'est que la vertu qui soutient le gouvernement populaire ; & la vertu est aussi éloigné de la liberté extrême, que de l'extrême servitude.

L'aristocratie se corrompt, lorsque le pouvoir des Nobles devient arbitraire, & leur puissance héréditaire. La République alors n'est plus que dans la partie qui gouverne ; l'état despotique est dans celle qui est gouvernée ; les Nobles jouissent de la liberté, le peuple gémit dans la servitude ; ceux-là sont des tyrans, celui-ci est un esclave.

La Monarchie se corrompt lorsque le Prince ôte aux villes leurs priviléges, aux corps leurs prérogatives, aux grands le respect des peuples. Qu'il change l'ordre des récompenses & des honneurs, qu'il méconnoit l'amour de ses sujets, qu'il montre plus de sévérité que de justice ; lorsque rapportant tout à lui-même, il appelle l'Etat à sa capitale, la capitale à la Cour, la Cour à sa personne.

Quant au Gouvernement despotique, voici ce que dit l'Auteur :
" Son principe se corrompt sans cesse,
" parce qu'il est corrompu par sa na-
" ture. Ce Gouvernement périt par
" son vice intérieur, lorsque quel-
" ques causes accidentelles n'empê-
" chent pas son principe de se cor-
" rompre ; ces choses forcent sa na-
" ture sans la changer ; sa ferocité
" reste, elle est pour quelque tems
" apprivoisée.

C'est comme si l'Auteur disoit : le
Gouvernement despotique ne peut
se soutenir par lui-même : sa conservation dépend de plusieurs causes
étrangeres, sans lesquelles il périroit
à chaque instant. Il est toujours dans
un Etat violent & forcé ; & sa nature
est de tendre sans cesse à sa destruc-
tion. Voilà sans doute le vrai sens de
ces paroles : cela posé, voici comme
je raisonne.

Ce qui s'oppose à la conservation
du Gouvernement despotique, doit,
par la même raison, s'opposer aussi à
son établissement ; & les mêmes causes qui servent à le maintenir, doivent

contribuer également à le former. Or
s'il eſt vrai que ce Gouvernement ait
tant de peine à ſe conſerver, il faut
donc qu'il en ait auſſi beaucoup à s'é-
tablir. Cette conſéquence eſt évidente ; c'eſt ſeulement dommage qu'elle
s'accorde ſi peu avec ce qui ſuit.

» Le Gouvernement deſpotique
» ſaute, pour ainſi dire, aux yeux ;
» il eſt uniforme partout ; comme il
» ne faut que des paſſions pour l'éta-
» blir , tout le monde eſt bon pour
» cela. » Mais ſi tout le monde eſt
bon pour former un Etat deſpotique ,
tout le monde eſt donc bon auſſi pour
le maintenir ; s'il ne faut que des paſſions pour l'établir , il ne faut donc
que des paſſions non plus pour le conſerver. Un Gouvernement qu'on dit
être ſi ſimple, ſi naturel, ſi uniforme ,
n'eſt donc pas un Gouvernement qui
ait beſoin du concours de tant de
cauſes accidentelles & étrangeres pour
l'empêcher de périr ; ce n'eſt pas un
Gouvernement qui ſoit toujours dans
un Etat violent & forcé , qui panche à
chaque inſtant vers ſa ruine. Ce ſont-
là des contradictions qui prouvent bien

que le Livre de l'Esprit des Loix n'est
pas un Ouvrage de mémoire: car on ne
s'y souvient pas dans la page suivante
de ce qui a été dit dans celle qui a
précédé. L'Auteur a jetté sur le pa-
pier toutes les idées qui se sont pré-
sentées à son esprit, sans s'embarras-
ser du peu de liaison qu'elles avoient
entre elles ; sans s'inquiéter si les premieres démentoient les secondes, &
si elles se détruisoient mutuellement.
Il a parcouru à grands pas des pays
immenses, sans bornes, sans chemins,
& sans guides ; & sa course plus bril-
lante, plus glorieuse, plus variée que
celle d'Ulisse, est aussi plus remplie
d'erreurs. Mais au milieu de ces er-
reurs-là même on découvre des vérités si sublimes, au travers de ces routes égarées on apperçoit des clartés si
lumineuses, parmi tant de défauts enfin on remarque des beautés si frappantes, qu'on est toujours étonné de
trouver tant d'esprit & si peu de
raisonnement , tant de génie & si
peu de logique. Mais poursuivons,
& voyons actuellement ce qu'exige
encore la politique pour la conserva-

tion des trois Gouvernemens.

Les Républiques se conservent en s'associant avec d'autres Républiques. Par cette confédération elles jouissent au dedans de toutes les prérogatives d'un petit Etat, & au dehors de tous les avantages des grands Empires.

Une Monarchie se conserve en construisant des Places fortes pour défendre ses frontiéres, en entretenant des armées pour défendre ses Places fortes.

Le despotisme se conserve, non pas en fortifiant, mais en ravageant ses frontiéres; non pas en s'associant avec d'autres Etats, mais en se séparant de tous. Quand les frontiéres d'un grand Etat sont désertes, le corps de l'Empire devient inaccessible; en sacrifiant les extrêmités, le cœur se conserve plus aisément.

L'Auteur assigne une autre sorte de séparation sans dévaster ses frontiéres, c'est de confier à des Princes feudataires les Provinces de l'Empire les plus éloignées. Mais il me paroît que c'est-là autant une confédération qu'une séparation; c'est s'associer avec des voisins,

voifins, plutôt que s'éloigner de fes
ennemis : en un mot, ce n'eft pas plus
fe féparer que s'unir. Or toute union
politique eft oppofée au Gouvernement arbitraire. Un Prince qui ne fçait
que vouloir, ne peut avoir ni alliés, ni
amis ; tous les hommes qui ont affaire
à lui font, ou fes ennemis, ou fes efclaves.

Nous avons parlé des trois Gouvernemens, de leur confervation, de
leur corruption, de leur nature & de
leurs principes : difons auffi un mot
de leur liberté & de leurs conquêtes.

Il y a dans chaque Gouvernement
une liberté qui lui eft propre, & que
la politique doit maintenir. L'Auteur
diftingue deux fortes de liberté ; celle
du Citoyen & celle de l'Etat.

La liberté du Citoyen eft cette
tranquillité d'efprit qui provient de
l'opinion que chacun a de fa fûreté.
Dans les Républiques, où il eft permis à tout homme d'accufer qui il
veut, on entretient cette liberté en
établiffant des Loix propres à défendre l'innocence des Citoyens. L'Auteur ne veut pas qu'on y puniffe trop

Tome III. M

le crime de lèze-Majesté ; on établi-
roit la tyrannie des vengeurs , sous
prétexte de tirer vengeance des tyrans. Il condamne les proscriptions ;
l'exil des Citoyens affoibliroit la République. Il désapprouve les Loix
trop sévéres contre les débiteurs ; » un
» Citoyen s'est déja donné une assez
» grande supériorité sur un Citoyen ,
» en lui prêtant un argent que celui-ci
» n'a emprunté que pour s'en défaire,
» & que par conséquent il n'a plus,
» sans que les Loix augmentent en-
» core cette servitude.

Dans les Monarchies on perd une
partie de la liberté , quand le Prince
nomme des Commissaires pour juger
les particuliers ; quand il employe
des espions pour examiner la conduite de ses sujets ; quand il permet
aux Citoyens de s'accuser mutuellement dans des écrits anonimes , &
qu'il a égard à ces accusations.

Pour mettre un peu de liberté dans
les Etats despotiques , il est bon d'y
établir des Loix de Religion qui tem-
pérent l'autorité du Prince ; il est bon
qu'il y ait des Livres sacrés qui ser-

vent dé régle à la puiſſance arbitraire ;
que le Code Religieux ſupplée au
Civil ; & que les Juges, dans certains
cas, conſultent les Miniſtres des Au-
tels. Voilà ce qui concerne la liberté
des Citoyens.

Celle de l'Etat conſiſte dans une
juſte diſtribution du pouvoir. L'Etat
eſt libre, lorſque ce n'eſt pas la même perſonne ou le même Corps qui
fait les Loix, les exécute & juge les
particuliers. Les Républiques ne ſont
libres, qu'autant que ces trois pouvoirs ſont diviſés. S'ils ſont réunis
dans une Monarchie, cette Monarchie ſera un pur deſpotiſme ; & le
deſpotiſme n'eſt tel, que parce que
c'eſt le Prince qui juge, qui exécute
& qui fait la Loi.

Comme il y a deux ſortes de liberté, l'Auteur diſtingue auſſi deux ſortes de ſervitude ; la politique & la
civile. L'une eſt celle de l'Etat, & l'autre celle du Citoyen. La premiere
trouvera plus naturellement ſa place
à la fin de cet article : conſidérons ici
quel rapport la ſeconde peut avoir
avec les différens Gouvernemens.

Les efclaves font contre l'efprit de
la conftitution des Républiques ; ils
ne fervent qu'à donner aux Citoyens
une puiffance & un luxe qu'ils ne
doivent point avoir.

Ils ne font pas moins contraires au
Gouvernement Monarchique , » où il
» eft fouverainement important de ne
» point avilir la nature humaine. Un
» efclave fent que fon maître a une
» ame qui peut s'agrandir , & que la
» fienne eft contrainte de s'abbaiffer
» fans ceffe. Rien ne met plus près de
» la condition des bêtes , que de voir
» toujours des hommes libres & de
» ne l'être pas ; de telles gens font
» des ennemis naturels de la fociété ,
» leur nombre feroit dangereux.

Il le feroit moins dans le Gouvernement defpotique , où la condition
de l'efclave n'eft guére plus à charge
que celle du fujet. La fervitude de
l'Etat y anéantit , en quelque façon ,
la liberté des Citoyens ; & ceux qu'on
appelle hommes libres , ne le font
guére plus que ceux qui n'y ont pas
ce titre.

Si la liberté fait au-dedans le bon

heur des Etats , les conquêtes en
font au-dehors toute la gloire. Cependant une République qui conquiert, agit contre ses propres intérêts.
Car , ou elle partage sa souveraineté
avec les peuples conquis , ou elle les
gouverne en sujets : dans le premier
cas , elle sera en danger de se perdre
par son trop d'étendue : dans le second , elle exposera sa propre liberté ,
parce qu'elle confiera une trop grande
puissance aux Magistrats qu'elle en-
verra dans l'Etat conquis. On obviera
à ce double inconvénient , ou en bor-
nant la conquête au nombre des Citoyens qu'on veut faire entrer dans
la République , ou en donnant au peuple conquis un bon Droit politique
& de bonnes Loix civiles.

Une Monarchie ne doit pas étendre ses conquêtes au-delà des bornes
naturelles à son Gouvernement. Elle
doit traiter le peuple conquis avec
douceur, lui laisser ses Loix , ses Coutumes , ses Priviléges ; il ne faut rien
changer que l'Armée & le nom du
Souverain.

Quand une Monarchie en conquiert

M iij

une autre, si celle-ci est petite, on la
contiendra par des forteresses; si elle
est grande, on la conservera par des
colonies. Mais la politique veut que
les Corps civils & militaires soient
composés également de vaincus &
de vainqueurs, pour ne point déses-
pérer les uns, & pour ne point en-or-
gueillir les autres.

Quand un Etat despotique conquiert un autre Etat, s'il veut le conserver, il faut que le despote ait
toujours autour de lui un corps de
trouppes particuliérement affidé, toujours prêt à fondre sur la partie de sa
conquête qui pourroit s'ébranler.

L'Auteur de l'Esprit des Loix trouve qu'il vaudroit mieux que le Con-
quérant rendit le Trône au Prince lé-
gitime *pour s'en faire un Allié nécessaire,*
qui, avec les forces qui lui sont propres, augmenteroit les siennes. Il
avoit dit auparavant que les Etats despotiques pourvoyent à leur sûreté *en se*
séparant & en se tenant, pour ainsi dire,
seuls. Mais comment peut-on se tenir
seul & se faire en même tems des
Alliés ? Comment peut-on s'unir &

fe féparer tout à la fois : Si ce n'eft pas-là fe contredire, c'eft du moins s'xpliquer fort mal.

L'impofition des tributs & la levée des impôts dans les trois Gouverne-mens, font auffi l'objet de la poli-tique de l'Auteur. Il dit là-deffus, comme fur tout le refte, des chofes admirables. Il y a en particulier un morceau digne de Juvenal contre les Fermiers & les Traitans. Je n'entre-prendrai pas de réfuter fon fentiment fur cette matiére ; un homme du mé-tier l'a fait, dit-on, avec beaucoup de force ; mais l'ouvrage eft fort rare, & quoique fait pour le Public, il n'a été vû jufqu'à préfent que par un très-petit nombre d'amis particuliers, à qui, par un privilége fpécial, on a bien voulu en procurer la lecture. Tout le monde fçait que l'Auteur eft un homme d'un très-grand mérite ; il a écrit pour la défenfe de fa caufe, & de celle d'une Compagnie riche, nombreufe & puiffante. Un combat entre lui & l'Auteur de l'Efprit des Loix, feroit pour le moins auffi in-téreffant que celui d'Argant & de Tan-créde.

Mais il eſt tems de délaſſer le lecteur ; il aime les belles choſes, & il
m'eſt fort aiſé de lui en donner ; je
n'ai qu'à prendre dans ce Livre les
premieres qui ſe préſentent.

» L'air de la Cour conſiſte à quit-
» ter ſa grandeur propre pour une
» grandeur empruntée. Celle-ci flatte
» plus un Courtiſan que la ſienne
» même. Elle donne une certaine
» modeſtie ſuperbe qui ſe répand au
» loin, mais dont l'orgueil diminue
» inſenſiblement, à proportion de la
» diſtance où l'on eſt de la ſource de
» cette grandeur.

» L'ambition dans l'oiſiveté, la
» baſſeſſe dans l'orgueil, le deſir de
» s'enrichir ſans travail, l'averſion
» pour la vérité, la flatterie, la tra-
» hiſon, la perfidie, l'abandon de
» tous ſes engagemens, le mépris des
» devoirs du Citoyen, la crainte de
» la vertu du Prince, l'eſpérance de
» ſes foibleſſes, & plus que tout cela,
» le ridicule perpétuel jetté ſur la
» vertu, ſont, je crois, le caractere
» de la plûpart des Courtiſans, mar-
» qués dans tous les lieux & dans tous
» les tems.

,, Parmi nous il est impossible que
,, nous ayons jamais de regle dans
,, nos finances, parce que nous sça-
,, vons toujours que nous ferons quel-
,, que chose, & jamais ce que nous
,, ferons.

,, En Europe les Edits des Princes
,, affligent même avant qu'on les ait
,, vûs, parce qu'ils y parlent toujours
,, de leurs besoins, & jamais des
,, nôtres.

,, Comme les Monarques doivent
,, avoir de la sagesse pour augmen-
,, ter leur puissance, ils ne doivent
,, pas avoir moins de prudence afin
,, de la borner. En faisant cesser les
,, inconvéniens de la petitesse, il faut
,, qu'ils ayent toujours l'œil sur les
,, inconvéniens de la grandeur.

,, Les fleuves courent se mêler dans
,, la mer ; les Monarchies vont se per-
,, dre dans le despotisme.

,, Charles XII étant à Bender, trou-
,, vant quelque résistance dans le Sé-
,, nat de Suéde, écrivit qu'il leur en-
,, verroit une de ses bottes pour les
,, commander. Cette botte auroit gou-
,, verné comme un Roi despotique.

M. ♥

„Tel eft l'état néceffaire d'une
„Monarchie conquérante ; un luxe
„affreux dans la Capitale , la mifere
„dans les Provinces qui s'en éloi-
„gnent , l'abondance aux extrémités.
„Il en eft comme de notre Planette ;
„le feu eft au centre , la verdure à la
„furface , une terre aride , froide &
„ftérile entre les deux.

„Syracufe effuya des malheurs que
„la corruption ordinaire ne donne
„pas. Cette Ville toujours dans la li-
„cence ou dans l'oppreffion , égale-
„ment travaillée par fa liberté & par
„fa fervitude , recevant toujours l'une
„& l'autre comme une tempête ,
„avoit dans fon fein un peuple im-
„menfe , qui n'eût jamais que cette
„cruelle alternative , de fe donner
„un tyran , ou de l'être lui même.

„Il y a un lot pour chaque Pro-
„feffion. Le lot de ceux qui levent
„les tributs eft les richeffes ; & les
„récompenfes de ces richeffes , font
„les richeffes mêmes. La gloire &
„l'honneur font pour cette Nobleffe
„qui ne connoît , qui ne voit , qui ne
„fent de vrai bien que l'honneur &

» la gloire. Le refpect & la confidé-
» ration font pour ces Miniftres &
» ces Magiftrats, qui ne trouvant
» que le travail après le travail, veil-
» lent nuit & jour pour le bonheur
» de l'Empire.

» On vit bien dans les tems paffés
» des fortunes fcandaleufes ; c'étoit
» une des calamités des guerres de
» cinquante ans : mais pour lors ces
» richeffes furent regardées comme
» ridicules, & nous les admirons.

» Un Etat bien gouverné doit met-
» tre pour le premier article de fa
» dépenfe, une fomme réglée pour
» les cas fortuits. Il en eft du Public
» comme de particuliers, qui fe rui-
» nent, lorfqu'ils dépenfent exacte-
» ment les revenus de leurs terres.

» Un Prince à qui on demandoit
» pourquoi il ne bâtiffoit point d'Hô-
» pitaux dans fes Etats, dit : Je ren-
» drai mon Empire fi riche, qu'il
» n'aura pas befoin d'Hôpitaux. Il
» auroit fallu dire : je commencerai
» par rendre mon Empire riche, &
» je bâtirai des Hôpitaux.

» A Rome, les Hôpitaux font que

» tout le monde est à son aise , ex-
» cepté ceux qui travaillent , excepté
» ceux qui ont de l'industrie , ex-
» cepté ceux qui cultivent les arts ,
» excepté ceux qui ont des terres ,
» excepté ceux qui font le commerce.

Finissons cet article , & voyons quel rapport a le climat avec les differens gouvernemens. Comme il y a des gouvernemens de trois sortes , le Républicain , le Monarchique , l'arbitraire , on distingue pareillement trois sortes de climats , le froid , le chaud & le temperé. Pour trois sortes de raisons aussi , dont les unes sont bonnes , les autres mauvaises , les autres douteuses , l'Auteur prétend que la forme du gouvernement dépend toujours de la nature du climat : que les pays froids , par exemple , conviennent mieux au gouvernement modéré , & que la chaleur des pays d'Orient s'accorde davantage avec le gouvernement arbitraire. Voyons quelles sont ses raisons. Je commence par les mauvaises.

L'air froid resserre les extrémité. des fibres , augmente leur ressort.

donne au corps plus de force, & à
l'ame plus de courage. Le courage
conduit à l'indépendance, l'indépendance au gouvernement le plus libre,
le gouvernement le plus libre, c'est
le gouvernement moderé ; donc le
gouvernement moderé s'accorde
mieux avec les pays froids.

Aussi l'Auteur appelle-t-il le Nord
de l'Europe, »la fabrique des instru-
» mens qui brisent les fers forgés au
» midy. C'est-là, dit-il, que se for-
» ment ces nations vaillantes qui sor-
» tent de leurs pays pour détruire les
» tyrans & les esclaves, & apprendre
» aux hommes que la nature les ayant
» fait égaux, la raison n'a pu les ren-
» dre dépendans que pour leur bon-
» heur. » Je ne puis m'empêcher de
me récrier ici avec une admiration
mêlée d'extase, ah ! que ces paroles
sont belles, qu'elles sont admirables !
elles sont divines. Quel dommage de
les faire servir de conséquence à un
faux principe ! mais achevons le raisonnement de l'Auteur.

L'air chaud relâche les extrémités
des fibres, affoiblit leur ressort, di-

minue les forces , & caufe au cœur
une défaillance. Cette défaillance
produit la timidité , la timidité mene
à la dépendance , la dépendance à la
fervitude , la fervitude au gouvernement arbitraire ; donc le gouvernement arbitraire s'accommode d'avantage des pays chauds.

» Il ne faut donc pas être étonné ,
» conclut l'Auteur , que le courage
» des peuples des climats froids les
» ait maintenus libres , & que la
» lacheté des peuples des climats
» chauds , les ait prefque toujours
» rendus efclaves. C'eft un effet qui
» dérive de fa caufe naturelle.

Je crois avoir fuffifamment démon-
tré ailleurs , que le chaud ou le froid
ne font point la caufe naturelle de la
lacheté ou du courage ; ce n'eft donc
ni le froid ni le chaud qui produit la
liberté ou la fervitude ; ce n'eft donc
ni l'un ni l'autre non plus , qui introduit dans un Etat le gouvernement
moderé ou le defpotique. Eh ! quoi ,
le climat de Mofcovie eft-il donc
auffi chaud que celui de Sparte &
d'Athénes ? Cependant le Czar eft un

despote dans ses Etats, & ces deux dernieres villes étoient des Républiques. La Botte de Charles XII. auroit gouverné à Stokolm comme un Prince despotique; & Denys avec tout son esprit, son industrie, ses forces, ses richesses, sa politique, n'a jamais pû se maintenir sur le Thrône de Syracuse. Il fait pourtant bien froid en Suede, & bien chaud en Sicile; preuve évidente, que ce n'est ni le froid ni le chaud qui décide de la forme du gouvernement; ou, si le climat y fait quelque chose, ce n'est pas du moins pour la raison que l'Auteur en apporte. En voici une autre, & il me paroît que c'est la bonne.

Selon qu'un pays est plus ou moins étendu, plus ou moins fertile, il est aussi plus ou moins propre au gouvernement despotique, il convient plus ou moins au gouvernement modéré. En Asie, par exemple, il y a de plus grandes plaines qu'en Europe, elle est coupée en plus grands morceaux par les montagnes & par les mers. Comme elle est plus au midi, les sources y sont aussi plus aisément ta-

ries, les montagnes moins couvertes
de neige, & les fleuves moins groſſis
y forment de moindres barrieres. Il
doit donc y avoir par conſéquent de
plus grands Empires qu'en Europe ; &
les grands Empires ſuppoſent une autorité deſpotique dans ceux qui les
gouvernent. Car » il faut que la
» promptitude des réſolutions ſup-
» plée à la diſtance des lieux où elles
» ſont envoyées ; que la crainte em-
» pêche la négligence du Gouverneur
» ou du Magiſtrat éloigné ; que la loi
» ſoit dans une ſeule tête, & qu'elle
» change ſans ceſſe, comme les acci-
» dens, qui ſe multiplient toujours
» dans l'Etat, à proportion de ſa
» grandeur.

L'Afrique eſt dans un climat pareil
à celui du Midy de l'Aſie, elle doit
donc être auſſi dans une même ſervitude ; ſans cela il ſe feroit d'abord un
partage que la nature du pays ne
peut ſouffrir.

En Amérique les petits peuples
barbares qui demeurent dans les
montagnes, ceux qui habitent dans
les iſles & ſur le rivage de la mer,

ont toujours été plus difficiles à soumettre, plus ennemis de la servitude, que les grands Empires du Mé-
xique & du Pérou.

En Europe les fleuves, les montagnes & la mer forment plusieurs Etats
d'une médiocre étendue, & parlà,
très-propres à former eux-mêmes des
Monarchies ou des Républiques. Le
gouvernement des loix n'y est pas
incompatible avec le maintien de
l'Etat ; & c'est-là ce qui a toujours
conservé ce génie d'indépendance qui
rend cette plus petite partie du monde plus difficile à être subjuguée, &
plus jalouse de sa liberté que les trois
autres.

La bonté ou la stérilité des terres
d'un pays font encore une autre cause
naturelle de la liberté ou de la servitude politique. Une campagne qui
regorge de biens, craint le pillage,
elle craint une armée ; ceux qui la
cultivent cherchent moins à donner
une autre forme au gouvernement,
qu'à jouir en paix de leur bien ; ils
font plus occupés de leur tranquillité
particuliere, que de la liberté publi-

que ; ils fongent d'avantage à leurs propres affaires, qu'à celles de l'Etat.

D'ailleurs les pays les plus fertiles font ordinairement des plaines, où l'on ne peut rien difputer au plus fort : on fe foumet donc à lui, & quand une fois on lui eft foumis, on perd fa liberté pour toujours. On ne pourroit la conferver que par la perte de fes biens ; & l'on prefere prefque toujours les biens à la liberté, furtout à la liberté politique. Les richeffes de la campagne font donc, pour le defpote, un gage de la fidelité de fes fujets, & pour les peuples, la caufe de leur fervitude.

Au contraire, lorfque les terres font ftériles, la liberté eft le feul bien dont on jouit;on eft auffi plus foigneux de la conferver. Elle regne donc plus dans les pays difficiles, que dans ceux que la nature femble plus avoir favorifés. Dans les montagnes, par exemple, on conferve un gouvernement plus modéré, parce qu'elles ne font pas fi fort expofées à la conquête. Les peuples s'y défendent plus aifément, on les attaque plus difficilement ; les

armées n'y trouvent pas de quoi fub-
fifter. Il eft donc moins aifé de leur
faire la guerre , plus dangereux de
l'entreprendre , peu utile & prefque
impoffible de les vaincre. C'eft pour
cela , conclut l'Auteur , que le gouvernement d'un feul fe trouve plus
fouvent dans les pays fertiles , & le
gouvernement de plufieurs dans les
pays qui ne le font pas. C'eft pour
cela que la ftérilité du terrein de l'Attique y établit le gouvernement populaire , & la fertilité de celui de
Lacédémone , le gouvernement Arif-
tocratique , qui approche le plus du
gouvernement d'un feul. C'eft pour
cela qu'Athénes étant retombée dans
fes anciennes diffentions , & s'étant
divifée en autant de partis , qu'il y
avoit de fortes de territoires dans le
pays de l'Attique , les gens de la montagne vouloient à toute force le gouvernement populaire ; ceux de la
plaine demandoient le gouvernement
des principaux ; ceux qui étoient près
de la mer étoient pour un gouvernement mêlé des deux.

Ce que la nature refufe aux hommés dans les climats ftériles, ils tâchent de se le procurer par le travail. Ce travail les rend sobres, industrieux, forts, vigoureux, pleins de courage. Des gens de ce caractere détestent jusqu'à l'ombre de la servitude. Accoutumés à vaincre la nature elle-même, ils n'imaginent pas que personne ose entreprendre de les subjuguer. Tout autre pouvoir que celui des loix leur est odieux; ils font donc bien éloignés de se soumettre à la puissance arbitraire, & de former un gouvernement despotique.

Il y a des climats si riches par eux-mêmes, si abondans, si fertiles, que sans beaucoup de travail, on s'y procure aisément toutes les choses nécessaires. Dans ces pays les hommes contractent une certaine paresse naturelle qui les rend lâches, efféminés, sans force, sans vertu, sans courage. Avec ces défauts on est bien près de la servitude, & la servitude n'est pas éloigné du gouvernement despotique.

Il y a d'autres climats où les terres restent incultes, soit qu'elles soient stériles de leur nature, soit que les

peuples qui les habitent ne veuillent
point se donner la peine de les cultiver. Il est clair que ces peuples doivent jouir d'une grande indépendance : car comme ils ne cultivent pas les
terres, ils n'y sont point attachés ; ils
sont errans, vagabonds, & si un chef
vouloit entreprendre de leur ôter leur
liberté, ils le quitteroient, & se reti-
reroient dans les bois pour y vivre
tranquilles avec leur famille. On ne
peut donc point établir l'autorité arbitraire dans des pays où les hommes
ne vivent que de leur chasse, ou du
produit de leurs troupeaux, dans des
pays où les terres sont incultes.

D'ailleurs ces peuples ne peuvent
jamais former une grande nation. Car
» s'ils sont pasteurs, ils ont besoin
» d'un grand pays pour qu'ils puissent
» subsister en certain nombre. S'ils
» sont chasseurs, ils sont encore en
» un plus petit nombre, & forment
» pour vivre une plus petite nation.
» Outre cela, leur pays est ordinaire-
» ment plein de forêts ; & comme les
» hommes n'y ont point donné de
» cours aux eaux, il est rempli de maré-

„ cages , où chaque troupe se can-
„ tonne , & forme une petite nation.
Or une petite nation , comme on l'a
déja dit , n'est point propre à faire un
Etat despotique. Le Gouvernement
monarchique ne sçauroit non plus s'y
établir , puisque tous les hommes y
sont égaux. Le Républicain voudroit
y faire des Loix , & l'on ne veut reconnoître parmi ces peuples , que
celles de la nature. Chez eux la liberté de l'homme est si grande , qu'il
est presqu'impossible d'en faire des
Citoyens ; aussi n'y voit-on que des
sauvages qui y vivent dans un excès
d'indépendance , comme dans les
pays despotiques on n'apperçoit que
des esclaves qui y souffrent l'excès
de la servitude.

Mais ce qu'il y a de singulier , dans
les principes de l'Auteur , c'est que la
même cause qui soumet les peuples
en général à la puissance arbitraire , les
soustrait en même tems à ce pouvoir ;
ce qui multiplie les esclaves, augmente aussi le nombre des hommes libres ; ce qui introduit dans certains
pays les Etats despotiques , forme

dans d'autres, les Nations indépen-
dantes ; je veux dire la fertilité des
terres. ,, En Amérique, dit l'Auteur,
,, la terre produit d'elle-même beau-
,, coup de fruits dont on peut se nour-
,, rir ; la chasse & la pêche achevent de
,, mettre les hommes dans l'abondan-
,, ce. De plus, les animaux qui pais-
,, sent réussissent mieux que les bêtes
,, carnacieres. ,, Il devoit donc conclure, que l'Amérique est un pays propre au despotisme, puisqu'on y jouit
d'une si grande fertilité. Point du tout,
il raisonne à présent d'une autre maniere: ce pays est extrémement fertile,
,, c'est ce qui fait, dit-il, qu'il y a tant
,, de Nations sauvages. ,, C'est-à-dire,
de Nations libres. La fertilité des terres est ici comme ces nuages où l'on
voit tout ce qu'on veut.

Il y a encore une autre raison qui
fait dépendre la forme du Gouvernement de la nature du climat. Elle ne
m'a pas persuadé, mais je sens qu'elle
peut faire impression sur d'autres. La
voici.

Dans les pays chauds il est nécessaire de retenir les femmes dans uue

efpéce d'efclavage domeftique ; c'eft
ce que l'Auteur a tâché de prouver
ailleurs. Cet efclavage ne fçauroit
convenir au Gouvernement Républicain, où la condition des Citoyens
eft bornée, égale, douce, moderée,
& où tout doit fe reffentir de la liberté publique ; le Gouvernement Républicain ne peut donc pas s'accorder
avec les pays chauds. Au contraire,
la fervitude des femmes eft très-con-
forme au Gouvernement defpotique ;
c'eft donc dans les pays où les femmes font efclaves, c'eft-à-dire, dans
les pays chauds, qu'on doit mieux
s'accommoder de ce Gouvernement.

Voilà tout ce que j'ai pû ramaffer
de côté & d'autre dans cet Ouvrage
au fujet de la politique. Ce Livre eft
comme un amas de plufieurs riches
métaux fondus enfemble, & qui en
forment une maffe précieufe, mais in-
forme. Semblable à un Chimifte, j'ai
féparé toutes ces matiéres, & j'ai tâché de les mettre chacune dans la
place qui leur convient.

ARTICLE

ARTICLE IV.

LA JURISPRUDENCE ET LE COMMERCE,

Confidérés par rapport au Gouvernement & au Climat.

JE renferme dans le même Article deux fujets différens, la Jurifprudence & le Commerce, & je ne veux pas m'étendre beaucoup fur chacun en particulier.

La Jurifprudence varie, felon les Gouvernemens & les Climats ; j'expoferai ici en abregé le fentiment de l'Auteur fur cette matiere. Il fouffrira peu de contradictions ; on fent que cette partie defon Livre eft celle qu'il entendle mieux. Ce n'eftpas celle où il y a le plus d'ordre, mais c'eft mon affaire d'y en mettre ; c'eft la charge que je me fuis impofée dès le commencement de cet Extrait ; & voici la marche que je veux obferver.

Je parlerai de la maniere de rendre la juftice dans les divers Gouvernemens ; de la quantité des Loix, du

H

nombre & de la qualité des Juges, &
de quelques Loix particulieres.

1°. De la maniere de rendre la Justice. Dans les Etats modérés, dans les
Républiques & dans les Monarchies,
ont fait beaucoup de cas de l'honneur,
de la fortune, de la vie & de la liberté
des Citoyens; de là vient qu'on y rend
la Justice avec plus de lenteur, qu'on
y observe plus de formalités, que dans
les Etats despotiques. ″ On entend
″ dire sans cesse qu'il faudroit que la
″ Justice fût rendue par-tout comme
″ en Turquie; mais si vous examinez
″ les formalités de la Justice par rap-
″ port à la peine qu'a un Citoyen à se
″ faire rendre son bien, ou à obtenir
″ satisfaction de quelque outrage, vous
″ en trouverez sans doute trop; si vous
″ les regardez dans le rapport qu'elles
″ ont avec la liberté & la sûreté des Ci-
″ toyens, vous en trouverez souvent
″ trop peu; & vous verrez que les pei-
″ nes, les dépenses, les longueurs,
″ les dangers mêmes de la Justice, sont
″ le prix que chaque Citoyen donne
″ pour sa liberté. ″ *Il est vrai*, diroit à
cela Crispin rival de son Maître, *que*

la Justice est une si belle chose, qu'on ne sçauroit trop l'acheter.

Un Gouvernement qui ne se soutient que par la crainte, comme le Gouvernement despotique, seroit exposé à de fréquentes révolutions, si l'on n'avoit un grand soin d'en bannir la haine, les divisions, les animosités, la vengeance, & par conséquent les Plaideurs. Aussi la maniere de finir les Procès est fort indifférente en Turquie, pourvû qu'on les finisse bien-tôt. » Le Bacha d'abord » éclairci, fait distribuer à sa fantaisie » des coups de bâtons sur la plante des » pieds des Plaideurs, & les renvoye » chez eux. « Si on en usoit ainsi dans tous les autres Gouvernemens, chacun vivroit tranquille ; on ne songeroit point à défendre son bien par la chicane, parce que personne n'employeroit la chicane pour avoir le bien d'autrui.

Dans les Républiques la maniere de rendre la Justice est plus fixe que dans les Monarchies. Dans celles-ci on consulte la Loi, & si la Loi ne décide pas d'une maniere précise, on en cherche

l'efprit, & les Juges l'interprêtent. Au
lieu que dans le Gouvernement Républicain, il faut fuivre la Loi à la let-
tre; parce que, dit l'Auteur, il n'y a
point de Citoyen contre qui on puiffe
interpréter une Loi, quand il s'agit de
fes biens, de fon honneur ou de fa
vie. Cela fuppofé, il y a bien des affaires qui ne peuvent jamais être termi-
nées dans les Républiques; car il y a
une infinité de cas particuliers fur lef-
quels il n'y a point de Loi précife, &
qui doivent par conféquent demeurer
indécis. On fent que dans les Pays defpotiques la Loi eft toujours décifive;
elle n'eft autre chofe que la volonté du
Juge.

2°. De la quantité des Loix. Il y a
dans les Monarchies des rangs, des
conditions, des états différens, qui de-
mandent auffi chacun des Réglemens,
des Loix différentes. Où il y a des dif-
tinctions entre les perfonnes, il faut
qu'il y ait auffi des priviléges; &
ces priviléges forment mille exceptions, qui font autant de Loix particulieres. Il ne faut donc pas s'étonner
de la quantité prodigieufe de Régle-

mens & d'Ordonnances qui compo-
sent dans ces Etats, ce qu'on appelle le
dépôt des Loix.

Dans les Républiques il n'y a aucune distinction de rang parmi les Citoyens ; les Loix doivent donc y être
moins multipliées que dans les Monarchies. Les peuples des Etats despotiques sont dans un cas bien différent encore ; » Je ne sçais sur quoi, dans ces
» Pays-là, le Législateur pourroit sta-
» tuer, ou le Magistrat juger.

» Il suit de ce que les terres appar-
» tiennent au Prince, qu'il n'y a pres-
» que point de Loix Civiles sur la pro-
» priété des terres.

» Il suit du droit que le Souverain
» a de succéder, qu'il n'y en a point non
» plus sur les successions.

» Le négoce exclusif qu'il fait dans
» quelques Pays, rend inutiles toutes
» sortes de Loix sur le commerce.

» Les mariages que l'on y contracte
» avec des filles esclaves, font qu'il n'y
» a guére de Loix Civiles sur les dots
» & sur les avantages des femmes.

» Il résulte encore de cette prodi-
» gieuse multitude d'esclaves, qu'il

» n'y a presque point de gens qui ayent
» une volonté propre, & qui par con-
» séquent doivent répondre de leur
» conduite devant un Juge.

» La plûpart des actions morales qui
» ne sont que les volontés du pere, du
» mari, du maître se réglent par eux
» & non par les Magistrats.

» Toutes les affaires qui regardent
» l'honneur, qui est un si grand chapi-
» tre parmi nous, n'y ont point de lieu.
» Le despotisme se suffit à lui-même,
» tout est vuide autour de lui. Aussi
» lorsque les Voyageurs nous décrivent
» les Pays où il régne, rarement nous
» parlent-ils de Loix Civiles.

3°. Du nombre & de la qualité des
Juges. Dans les États despotiques le
Prince peut juger lui-même; dans les
Monarchies, cette fonction regarde
les Magistrats; dans les Républiques
elle appartient au Peuple. C'est cependant un grand inconvénient que le peuple juge lui-même ses offenses; mais
voici l'expédient que l'Auteur propose
pour y remédier; il veut qu'on fasse ce
que Solon fit à Athènes : pour prévenir
l'abus que le Peuple pourroit faire de

fa puiſſance dans le Jugement des crimes ; il veut qu'on établiſſe un Tribunal , où l'affaire ſoit portée & revûë
par des Magiſtrats. S'ils croyent l'Ac-
cuſé injuſtement abſous , ils l'accuſent
de nouveau devant le Peuple ; s'ils le
croyent injuſtement condamné , ils ar-
rêtent l'exécution , & font juger l'affaire tout de nouveau.

Si dans les Monarchies le Prince ju-
geoit lui-même les affaires des particuliers , » la Conſtitution ſeroit dé-
» truite ; les pouvoirs intermédiaires
» dépendans , annéantis ; on verroit
» ceſſer toutes les formalités des Juge-
» mens ; la crainte s'empareroit de
» tous les eſprits ; on verroit la pâleur
» ſur tous les viſages ; plus de confian-
» ce , plus d'honneur , plus d'amour ,
» plus de ſûreté , plus de Monarchie. «

Cette peinture eſt bien différente
de celle que nous font tous nos Hiſto-
riens , quand ils nous repréſentent
S. Louis ſur un Trône de gazon , &
ſous un Dais de feuillage , rendant la
Juſtice à ſes Peuples. On venoit avec
joye & avec confiance plaider ſoi-même ſa cauſe à ce champêtre , mais au-

guste Tribunal. Le Monarque équita-
ble renvoyoit tout le monde satisfait
de la justice de ses décisions ; chacun
publioit à l'envi les louanges de son Juge ? & ceux mêmes pour qui il avoit
été le moins favorable, n'étoient pas
moins empressés que les autres à le
combler de leurs éloges. On n'enten-
doit alors ni plaintes, ni murmures contre l'équité de ses Jugemens ; on ne disoit point, comme aujourd'hui :

> * Est-il raison si bonne,
> Que l'argent ne renverse, aussi-tôt qu'on en
> donne ?
> Et sur le meilleur droit peut-on rien em-
> porter,
> Qu'autant qu'on trouve l'art de bien solli-
> citer ?
> Qu'à mes prétentions une femme s'oppose,
> Qu'elle s'en mêle ; adieu l'équité de ma
> cause.
> D'ailleurs, il faudra croire un Procureur
> sans-foi,
> Qui sçaura sur des riens chicanner malgré moi,
> Qui de fausses raisons m'accablent les oreilles.

* Hauteroche.

Sur cent formalités promettra des merveil-
    les ;

Et qui, pour me piller trouvera le moyen
De prolonger vingt ans une affaire de rien.

Je n'infifterai pas fur la différence
qu'il y a entre ces deux manieres de
rendre la Juftice ; on fent trop de quel
côté feroit l'avantage ; cependant, pour
de très-bonnes raifons, on en revien-
dra toujours au fentiment de l'Auteur.
Les principales font : que „ dans les
„ Etats Monarchiques, le Prince eft la
„ partie qui pourfuit les Accufés, &
„ les fait punir ou abfoudre. S'il ju-
„ geoit lui-même, il feroit le Juge &
„ la Partie. De plus, il perdroit le plus
„ bel attribut de fa Souveraineté, qui
„ eft celui de faire grace. Il feroit in-
„ fenfé qu'il fit & défit fes Jugemens ;
„ il ne voudroit pas être en contradic-
„ tion avec lui même. Outre que cela
„ confondroit toutes les idées ; on ne
„ fçauroit fi un homme feroit abfous,
„ ou s'il recevroit fa grace. Les Juge-
„ mens rendus par le Prince, feroient
„ d'ailleurs une fource intarriffable
„ d'injuftices & d'abus. Les courtifans

H v.

» extorqueroient par leurs importuni-
» tés, ses Jugemens. Quelques Empe-
» reurs Romains eurent la fureur de
» juger; nuls Régnes n'étonnerent plus
» l'Univers par leurs injustices.

L'Auteur regarde encore comme un
grand inconvénient dans une Monarchie, que les Ministres du Prince ju-
gent eux-mêmes les affaires conten-
tieuses; par la raison tirée de Machia-
vel que les Ministres ne pouvant être
qu'en très-petit nombre, *peu sont cor-
rompus par peu.* Il suit de-là, à plus forte
raison, qu'on ne doit point souffrir un
Magistrat unique dans un Etat, à cause
de l'abus énorme qu'il seroit de son
pouvoir, quand une fois il se seroit
laissé corrompre.

4°. De quelques Loix particulieres.
Je n'entretrai pas dans un long détail;
les loix sont si multipliées, qu'on ne
finiroit point, si on vouloit les rapporter toutes. C'est ici la partie la plus
étendue de l'Ouvrage dont je rends
compte; mais ce n'est pas la plus inté-
ressante pour la plûpart des Lecteurs:
Je ne ferai donc, en parcourant ce Livre, que m'arrêter aux endroits qui

me paroîtront les plus curieux.

Le premier, sur lequel je tombe, regarde les Loix du Mariage : une des principales parmi nous, c'est qu'un mari ne puisse avoir qu'une femme, & qu'une femme n'ait qu'un mari. Il y a d'autres Pays où il est permis d'avoir autant de femmes qu'on en peut nourrir, & d'autres enfin où plusieurs hommes peuvent être les maris d'une seule femme. Tout cela, dit l'Auteur, *est une affaire de calcul*, & dépend de la nature du climat où ces différentes Loix sont établies. Par exemple, dans les Pays où il naît autant de garçons que de filles, il est clair que la Poligamie doit être défendue, sans cela, tandis qu'un homme auroit plusieurs femmes, les autres feroient obligés de s'en passer, ce qui feroit contre l'ordre. C'est donc une très-bonne Loi dans ces Pays-là, de réduire chaque homme à une femme seulement.

» Suivant les calculs que l'on fait en
» divers endroits de l'Europe il y naît
» plus de garçons que de filles. Au con-
» traire, les relations de l'Asie nous
» disent qu'il y naît beaucoup plus de

» filles que de garçons. La Loi d'une
» seule femme en Europe, & celle qui
» en permet plusieurs en Asie, ont
» donc un certain rapport avec le cli-
» mat.

Les climats froids de l'Asie produisent plus de garçons que de filles ; aussi
dans ces Pays là les femmes ont-elles
le privilége d'avoir plusieurs maris,
tandis que la Loi ne permet aux hommes qu'une seule femme.

La même chose se pratique sur la
côte du Malabar, mais pour une autre
raison. » Les Naïres sont la caste des
» Nobles, qui sont les soldats de toutes
» ces Nations. En Europe on empêche
» les Soldats de se marier ; dans le Ma-
» labar où le climat exige davantage,
» on s'est contenté de leur rendre le
» mariage aussi peu embarrassant qu'il
» est possible ; on a donné une femme
» à plusieurs hommes ; ce qui diminuë
» d'autant l'attachement pour une fa-
» mille & les soins du ménage ; & laisse
» à ces gens l'esprit militaire.

Les Loix qui reglent la continence
publique dépendent autant du climat,
que celles qui concernent le mariage.

Ces Loix, felon l'Auteur, ne peuvent être par-tout les mêmes, parce qu'elles doivent toujours avoir un certain rapport avec la façon de penfer de chaque Peuple, & que, dans fon fentiment encore, cette façon de penfer differe felon les climats. Dans les Pays froids, par exemple, où les paffions font plus calmes, l'imagination plus lente, il y a mille chofes qu'on ne regarde pas comme fort dangéreufes pour les mœurs, & qui, dans des Pays où la chaleur du climat rend l'imagination plus vive, pafferoient pour de grands crimes, c'eft à quoi les Loix doivent avoir égard; & c'eft auffi ce que l'Auteur a remarqué de nos Peres, les anciens Germains. Ils habitoient un Pays froid, & où par conféquent les paffions étoient tranquilles. » Leurs Loix ne trouvoient dans » les chofes que ce qu'elles voyoient, » & n'imaginoient rien de plus; & » comme elles jugeoient des infultes » faites aux hommes par la grandeur » des bleffures, elles ne mettoient pas » plus de rafinement dans les offenfes » faites aux femmes. La Loi des Allemands eft là-deffus fort finguliere. Si

» l'on découvre une femme à la tê-
» te, on payera une amende de dix
» fols; autant fi c'eft à la jambe juf-
» qu'au genou; le double depuis le
» genou. Il femble que la Loi mefu-
» roit les outrages faits à la perfonne
» des femmes, comme on mefure une
» figure de Géométrie; elle ne punif-
» foit point le crime de l'imagination,
» elle puniffoit celui des yeux. « Ces
mêmes Peuples vinrent enfuite refpi-
rer un air plus chaud dans les climats d'Efpagne fous le nom de Vifi-
gots; la chaleur du Pays leur mit le
fang en mouvement, leurs paffions ac-
quirent plus de vivacité, leur imagination s'alluma; celles des Légiflateurs
s'échauffa de même, jufques-là qu'ils
firent une Loi qui défendoit aux Mé-
decins de faigner une femme, à moins
que ce ne fût en préfence de fon Père,
de fa Mere, ou de quelques-uns de
fes Parens.

Je pourrois encore rapporter ici une
infinité d'autres Loix que je trouve dif-
perfées çà & là dans ce Livre fur quantité de points différens; mais je fens
qu'il eft tems de finir un Extrait que

bien des gens ne trouveront déja que
trop long , & que j'aurois dû peut-être
abréger de moitié. Plusieurs personnes
m'ont blâmé d'avoir si fort insisté sur
cette critique , & de m'être un peu trop
appliqué à faire connoître des défauts
dont on ne s'étoit presque point apper-
çû. Vous deviez , m'a-t'on dit , ménager un peu plus un Ouvrage , dont l'Auteur est un homme d'un mérite si distin-
gué ; un homme aimé & estimé de tout
le monde , & dont on ne sçauroit dire
trop de bien. Je ne sçavois pas que la
qualité d'honnête homme , d'homme
aimable dans un Ecrivain , dût mettre
ses Ecrits à l'abri de la critique. Il suit
de-là , que toutes les fois que l'on critique un Ouvrage , on donne atteinte
à la probité & à la réputation de celui
qui en est l'Auteur. Cela n'est il pas
pitoyable ? J'avouë que si j'avois entre-
pris de rendre compte des qualités estimables de M. de M. un Livre entier ,
quelque gros qu'il eût été, n'auroit pas
suffi pour eu parler d'une maniere qui
ne laissât rien à désirer au Public ; personne ne pousse plus loin que moi la
juste admiration que son mérite per-

sonnel & ses ingénieux Ecrits ont inspirée à toute l'Europe. J'ai fait voir à chaque page de cet Extrait ma façon de penser à cet égard ; & malgré tous les défauts que je reprends dans l'Ouvrage dont je rends compte ; j'ose dire néanmoins que personne n'en a mieux fait sentir les beautés ; & que tout ce qu'il y a de meilleur dans tout le Livre, se trouve exactement renfermé dans cette brochure. C'est la justice toute pure, & non les qualités de l'Auteur, qui m'a engagé à en user de la sorte ; comme ces mêmes qualités ne m'ont pas non plus fermé les yeux sur ce que j'ai trouvé de répréhensible dans cet Ouvrage. Mais finissons & voyons quel rapport a le Commerce avec le Climat & le Gouvernement.

On distingue dans ce Livre deux sortes de Commerce ; l'un est fondé sur le luxe, & l'autre sur l'économie. Le premier a pour objet unique de procurer à la Nation qui le fait, tout ce qui peut servir à son orgueil à ses délices & à ses fantaisies. Le second, au contraire, se contente de tirer d'une Nation de quoi fournir aux besoins d'une autre.

L'Auteur prétend que le Commerce fondé sur le luxe convient plus particuliérement au Gouvernement Monarchique; au lieu que le Gouvernement Républicain, selon lui, s'accorde davantage avec le Commerce d'économie.

On a vû dans l'Article second de cet extrait, que l'Auteur de l'Esprit des Loix regarde le luxe comme une chose aussi nécessaire dans les Monarchies, qu'il le croit pernicieux dans les Républiques. Il n'est donc pas étonnant qu'il admettre dans le premier de ces deux Gouvernemens, & qu'il rejette de l'autre un Commerce dont le luxe est la base. Mais comme j'ai fait voir aussi dans le même endroit, que ses principes sont fort douteux, je n'insisterai pas davantage sur l'incertitude des conséquences qu'il en tire.

Voici une autre raison qu'il apporte, pour prouver que dans un Etat Monarchique, on ne peut point faire le Commerce d'économie. » Comme ce Commerce n'est fondé que sur la pratique » de gagner un peu, & même de gagner » moins qu'aucune autre Nation, &

» de ne se dédommager qu'en gagnant
» continuellement , il n'est guére possi-
» ble qu'il puisse être fait par un Peu-
» ple chez qui le luxe est établi , qui
» dépense beaucoup , & qui ne voit
» que de grands objets. En effet il fau-
» droit supposer que chaque particu-
» lier dans cet Etat , & tout l'Etat mê-
» me eussent toujours la tête pleine de
» grands projets , & cette même tête
» remplie de petits , ce qui est contra-
» dictoire.

Cette raison est bien singuliere ! Et
l'on demande à M. de M. pourquoi il
faudroit supposer pareille chose ; Quoi,
dans une Monarchie où il y aura vingt
millions d'Habitans , par exemple , il
ne s'en trouvera pas assez pour faire le
Commerce d'économie & celui du luxe en même tems ? Il ne pourra pas arriver que les uns se contentent de gagner peu , tandis que d'autres cherche-
ront à gagner davantage ; que ceux-ci
forment de grandes entreprises , tandis
que les autres ne seront occupés que de
petits objets ? Et il sera nécessaire enfin
que chaque particulier ait la tête pleine
de grandes & de petites choses tout à

la fois ? Cela ne fe conçoit pas. D'ail-
leur où l'Auteur a-t'il pris que le Commerce de luxe demande de plus grandes entreprifes que l'autre ? Ce n'eſt
pas la qualité des marchandiſes, c'eſt
leur quantité qui fait les plus grands
projets ; & un Négociant qui entre-
prendroit de fournir à une Nation toutes les chofes néceſſaires à la vie, for-
meroit une plus grande entreprife, que
celui qui ne lui procureroit qu'une partie de ce qui peut contribuer à ſes plai-
firs, à ſes fantaifies, à fon orgueil. En
un mot celui qui féroit le Commerce
d'économie, dans cette ſuppoſition,
feroit occupé de plus grands objets,
que l'autre qui feroit le Commerce de
luxe.

De tout ceci je conclus que le Commerce d'économie appartient autant
aux Monarchies qu'aux Républiques ;
& que l'Auteur voit des contradictions où il n'y en a point. Mais moi j'en
trouve une bien fenfible dans les paroles qui fuivent, comparées avec celles
que je viens de citer.

» Ce n'eſt pas, dit M. de M. que dans
» ces Etats qui fubfiftent par le Com-

» merce d'économie, on ne fasse aussi
» les plus grandes entreprises, & que
» l'on n'y ait une hardiesse, qui ne se
» trouve pas dans les Monarchies. En
» voici la raison. Un Commerce mène
» à l'autre ; le petit au médiocre, le
» médiocre au grand, & celui qui a eu
» tant d'envie de gagner peu, se met
» dans une situation où il n'en a pas
» moins de gagner beaucoup. De plus,
» les grandes entreprises des Négo-
» cians font toujours nécessairement
» mêlées avec les affaires publiques.
» Mais dans les Monarchies les af-
« faires publiques font aussi suspec-
» tes aux Marchands qu'elles leur pa-
» roissent sûres dans les Etats libres.
» *Les grandes entreprises de Commerce*
» *ne font donc pas pour les Monarchies,*
mais pour les Etats Républicains». Ansi
selon l'Auteur de l'Esprit des Loix,
tantôt l'Etat Républicain est le plus
propre à faire le Commerce d'économie, & on n'y a pas la tête remplie de
si grands projets que dans les Etats Monarchiques ; & tantôt les grandes entreprises de Commerce ne font pas
pour les Monarchies, mais pour les

Républiques. Peut-on se contredire plus manifestement, & cela dans la même page ? Un homme qui dit que le luxe est la perte des Républiques, & le soutien des Monarchies, & qui ajoute que le Commerce fondé sur le luxe demande de plus grandes entreprises que le Commerce d'économie, devroit conclure, ce me semble, que les grandes entreprises de Commerce sont plûtôt pour les Etats Monarchiques, que pour les Républicains ; mais il fait tout le contraire actuellement ; & sans se souvenir des principes qu'il avoit posés d'abord, il en établit d'autres, d'où il tire une conséquence contra dictoirement opposée aux premiers.

Mais quels sont ces autres principes qu'il établit ? C'est, dit il, que la » plus » grande certitude de sa propriété que » l'on croit avoir dans les Etats Répu- » blicains, fait tout entreprendre ; & » parce que l'on est sûr de ce que l'on a » acquis, on ose l'exposer pour acqué- » rir davantage. On ne court de risque, » que sur les moyens d'acquérir.

Je laisse aux Lecteurs à juger si ceux qui font le Commerce en France, ne

Angleterre , en Suede , en Dannemarck , y font moins affurés de la pro-
prieté de leurs biens , que s'ils étoient
à Genes ou à Venife ; & fi c'eft la crainte
de perdre ce que l'on gagne , qui empêche qu'on ne faffe de fi grandes entreprifes en Efgagne qu'en Hollande.
Je conviens avec l'Auteur , que dans
les Etats defpotiques , où le Prince eft
Maître des biens de fes Sujets , il y auroit à craindre que les richeffes des particuliers ne fuffent bien-tôt englouties
dans le tréfor du Defpote. Mais on ne
voit point que des biens juftement acquis par le Commerce dans les Monarchies deviennent jamais la proye du
Souverain. Du tems même du fiftême ,
ce ne font point les Commerçans qui
ont fouffert les plus grandes pertes.

Je ne veux pas entrer dans un plus
long examen ; il fuffit d'avertir ici que
cette partie de l'Ouvrage de l'Efprit
des Loix , dénote une grande profondeur de génie , & qu'elle n'eft pas trai-
tée par-tout avec auffi peu de foin que
l'endroit que j'ai cité.

Il me refte à dire un mot du Climat.
Les peuples du Midi font moins pro-

pres à faire le Commerce que ceux du Nord. L'Auteur en donne deux raisons. Premiérement, la trop grande chaleur les rend paresseux. En second lieu, la fertilité du Climat qu'ils habitent, leur fournit toutes les choses nécessaires à la vie : il suit de-là, qu'ils n'ont que très peu de besoins, & que leur paresse les rend peu empressés à les satisfaire ; il suit par conséquent qu'ils doivent peu aimer le Commerce. Il n'en est pas de même des peuples du Nord ; le froid les rend actifs & laborieux ; la nature d'ailleurs leur donne peu, & leur demande beaucoup ; ils ont plus de besoins à satisfaire ; & par conséquent ils sont plus obligés de travailler, de commercer, pour se procurer ce que le Climat leur refuse.

Pour peu que l'on considere ce qui se passe dans le Nord & dans le Midi de l'Europe, on sentira toujours de plus en plus la vérité de ce raisonnement. Mais pour peu que l'on fasse attention à certains principes de l'Auteur, on s'appercevra de plus en plus aussi combien il est contraire à lui-même. Il avoit dit ailleurs, que le despotisme

vre, pendant autant d'années qu'on en
a employées à le faire. M. de M. lui-
même, convient qu'il y travailla d'a-
bord fort long tems *sans former de dessein*; si son dessein est venu après, c'est
ce qu'il doit sçavoir mieux qu'un autre;
toujours est-il du moins certain qu'il ne
s'est point assez appliqué à le faire connoître. D'ailleurs, il est bien difficile
que des choses faites sans dessein puissent avoir entr'elles aucune sorte de
liaison. Quoi qu'il en soit, je n'y en vois
point, & je le dis d'autant plus hardiment, que je n'ai encore trouvé personne qui se soit formé une idée exacte de ce Livre. J'admire, avec tout le
monde, l'érudition prodigieuse dont
cet Ouvrage est chargé, mais je soutiens que si on vouloit bien approfon-
dir tous les traits historiques, qui, par
leur nombre, éblouissent les Lecteurs,
on en trouveroit beaucoup qui ne s'accordent pas tout-à-fait avec la vérité
de l'Histoire. Je prens ici le premier
qui me tombe sous la main: En par-
lant de l'obéïssance que les Peuples doivent au Souverain dans les différens
Gouvernemens, l'Auteur dit dans le

premier Tome de son Ouvrage, Livre III. Chapitre X. qu' » en Perse, lors- » que le Roi a condamné quelqu'un, on » ne peut plus lui en parler, ni deman- » der grace. Cette maniere de penser, » ajoute t'il, y a été de tout tems : l'or- » dre que donna Assuérus d'exterminer » les Juifs ne pouvant être *révoqué*, on » prit le parti de leur donner la per- » mission de se défendre.

Sur ces paroles, on croiroit vérita- blement qu'Assuérus ne *révoqua* point l'Edit qu'il avoit porté contre les Juifs, mais qu'il se contenta de leur permettre de se défendre contre leurs ennemis. Cependant l'Ecriture dit positivement tout le contraire; & voici ce qu'on trou- ve aux Chapitres VIII. & XVI. du Li- vre d'Esther : » (*a*) S'il est vrai que je » vous suis chére, dit la Reine à Assué- » rus; & s'il vous plaît de me convaincre

_____

(*a*) Si plácet Regi, & si inveni gratiam in oculis ejus, & deprecatio mea non ei videtur esse contraria, obsecro, ut novis Epistolis veteres Aman Litteræ, insidiatoris & hostis Judæorum, quibus eos in cunctis Regis pro- vinciis perire præceperat, corrigantur, *Es- ther. cap.* VIII.

» que mes prieres ne vous font point
» importunes, *révoqués*, je vous en
» fupplie, par de nouvelles Lettres, les
» ordres que le perfide Aman, irrécon-
» ciliable ennemi de mon peuple, avoit
» envoyées en votre nom dans toute l'é-
» tendue de vos provinces, pour y faire
» mourir dans un feul jour tous les
» Juifs. « On voit d'abord par-là qu'on
pouvoit parler en faveur de quelqu'un
que le Roi avoit condamné, & qu'il
n'étoit point défendu de demander
fa grace, ainfi que l'Auteur l'a avancé.
Mais ce n'eft pas encore là tout; & voici quelque chofe de plus fort contre
M. de M.

Affuérus eut égard à la demande de
la Reine, & il *révoqua* fa premiere Ordonnance par un nouvel Edit. Cet Edit
eft rapporté fort au long au Chapitre
XVI. du Livre d'Efther, & le Prince y
dit expreffément : (a) » Notre inten-

(a) Unde eas Litteras, quas fub nomine
noftro ille direxerat, fciatis effe irritas. *Ibid.*
Cap. XVI. *vers.* 7.

Hoc Edictum, quod nunc mittimus, in
cunctis urbibus proponatur, ut liceat Judæis
uti Legibus fuis. *Ibid. vers.* 19.

» tion est, que les Lettres obtenues par
» Aman contre les Juifs, & envoyées
» sous notre nom à toutes nos Provin-
» ces soient regardées comme surprises
» & de nulle valeur ». Quand on auroit fait ce passage tout exprès, pour
l'opposer aux paroles de M. de M., on
n'auroit pas pû le rendre plus contradic-
toire. Je veux croire, pour l'honneur
du Livre dont j'ai rendu compte, que
les autres traits historiques que l'Auteur rapporte, ont été puisés dans des
sources plus certaines que celles qu'il
a consultées pour celui-ci. Il n'avoit
qu'à lire Racine, il auroit vû dans la
Tragédie d'Esther, que lorsque Mardo-
chée dit au Roi :

Le péril des Juifs presse & veut un prompt
  secours.

Le Roi lui répond :

Oüi, je t'entens : allons par des ordres contraires
Révoquer d'un méchant les ordres sangui-
  naires.

Assuérus ne croyoit donc pas, comme l'Auteur de l'Esprit des Loix, que
ses ordres fussent *irrévocables.*

Je crois en avoir affez dit pour bien faire connoître ce Livre. Je finis donc ici mes Obfervations, & laiffe aux Lecteurs à juger dans quel rang il doit placer un Ouvrage où l'on ne trouve rien de médiocre. Les beautés qu'il renferme dénotent un très grand homme ; & l'on y remarque des défauts qu'on ne pafferoit pas à un homme ordinaire.

Fin de la premiere Partie.

E R R A T A.

Les chiffres qui font au haut des pages fe trouvent derangés dans cette brochure, depuis la page 48. jufqu'à la page 167. C'est une faute d'impreffion qui ne caufe aucun dérangement dans l'Ouvrage qui va de fuite.

Page 48. jufqu'à 167. il y a, Obfervations fur la Litterature moderne; *lifés*, Obfervations fur L'Efprit des Loix.

Page 241. il y a, *Article X. lifés* Article XI. *avec ces mots*, LA POLITIQUE, confidérée par rapport au climat & au Gouvernement.

AVERTISSEMENT DU LIBRAIRE.

*O*N a mis à la suite de ces Obſer- vations toutes les Critiques qui ont été faites juſqu'à préſent du *Livre de l'Eſprit des Loix* dans différentes feuilles périodiques. Pluſieurs perſonnes ont ſouhaité de les voir raſſemblées dans un même *Volume*, & l'on s'eſt conformé à leur déſir. Ceux qui ont déja les *Obſervations*, pourront acheter ſéparément auſſi les autres *Critiques*.

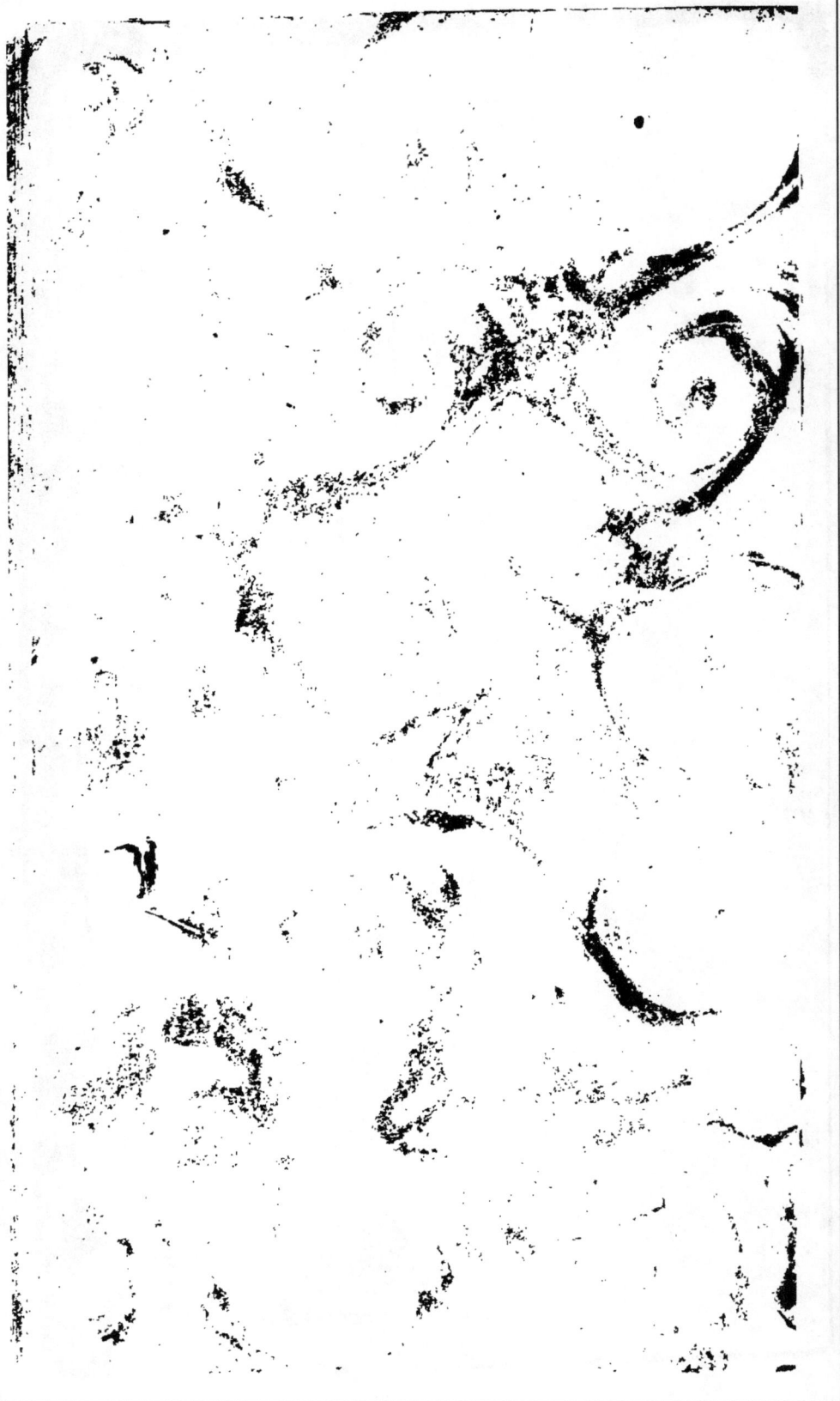

www.ingramcontent.com/pod-product-compliance
Lightning Source LLC
Chambersburg PA
CBHW071959090426
42740CB00011B/2008